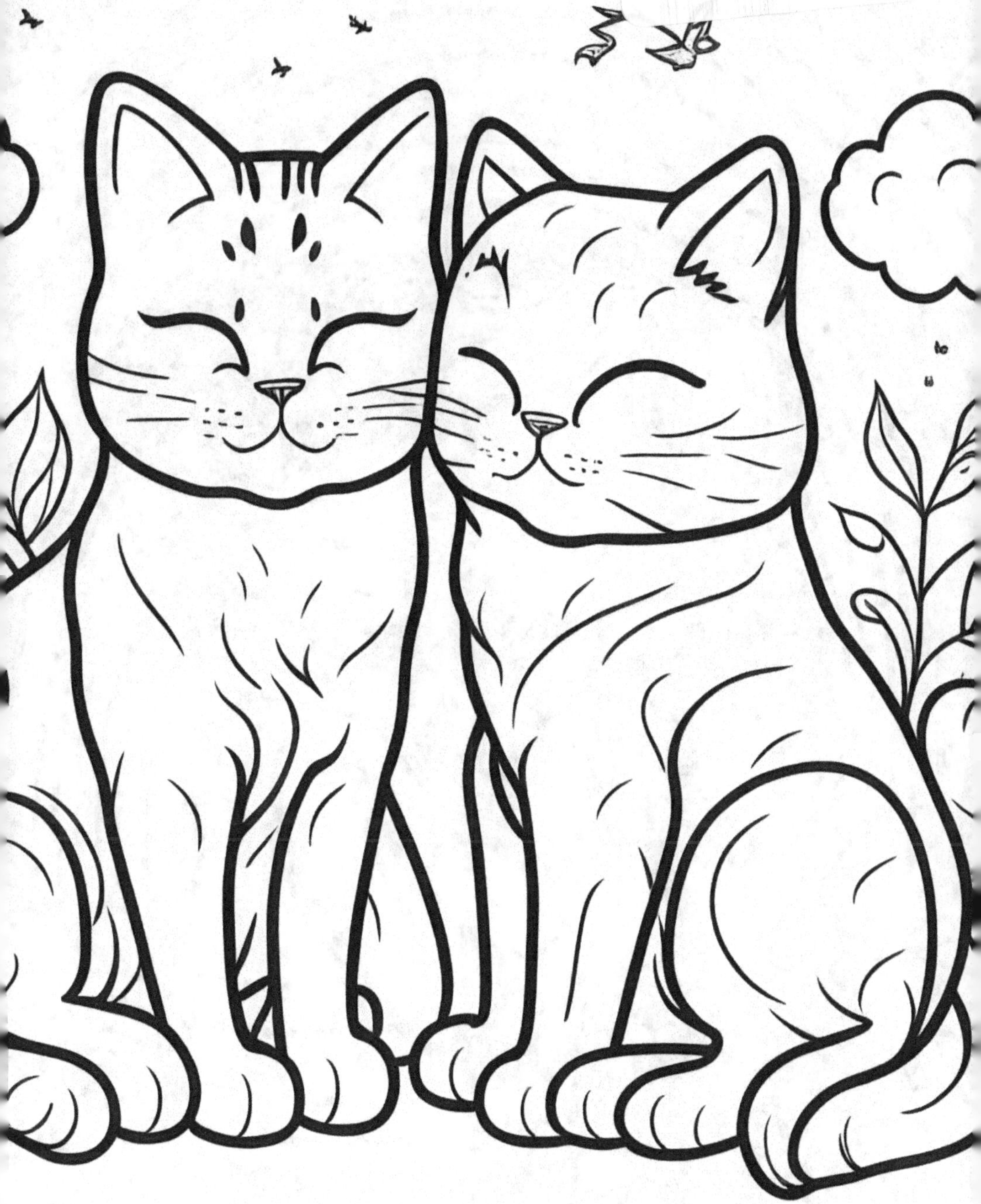

I0489912

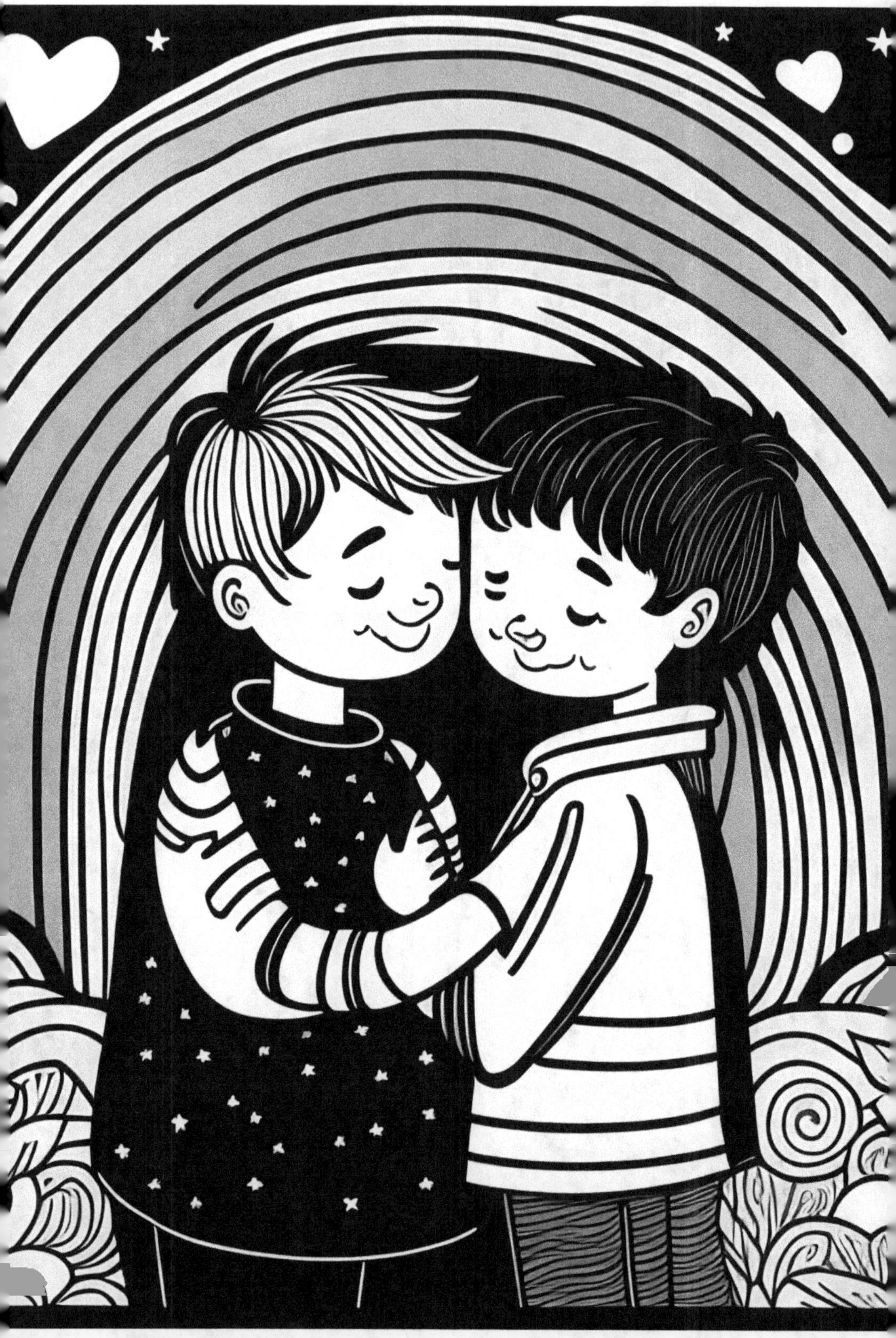

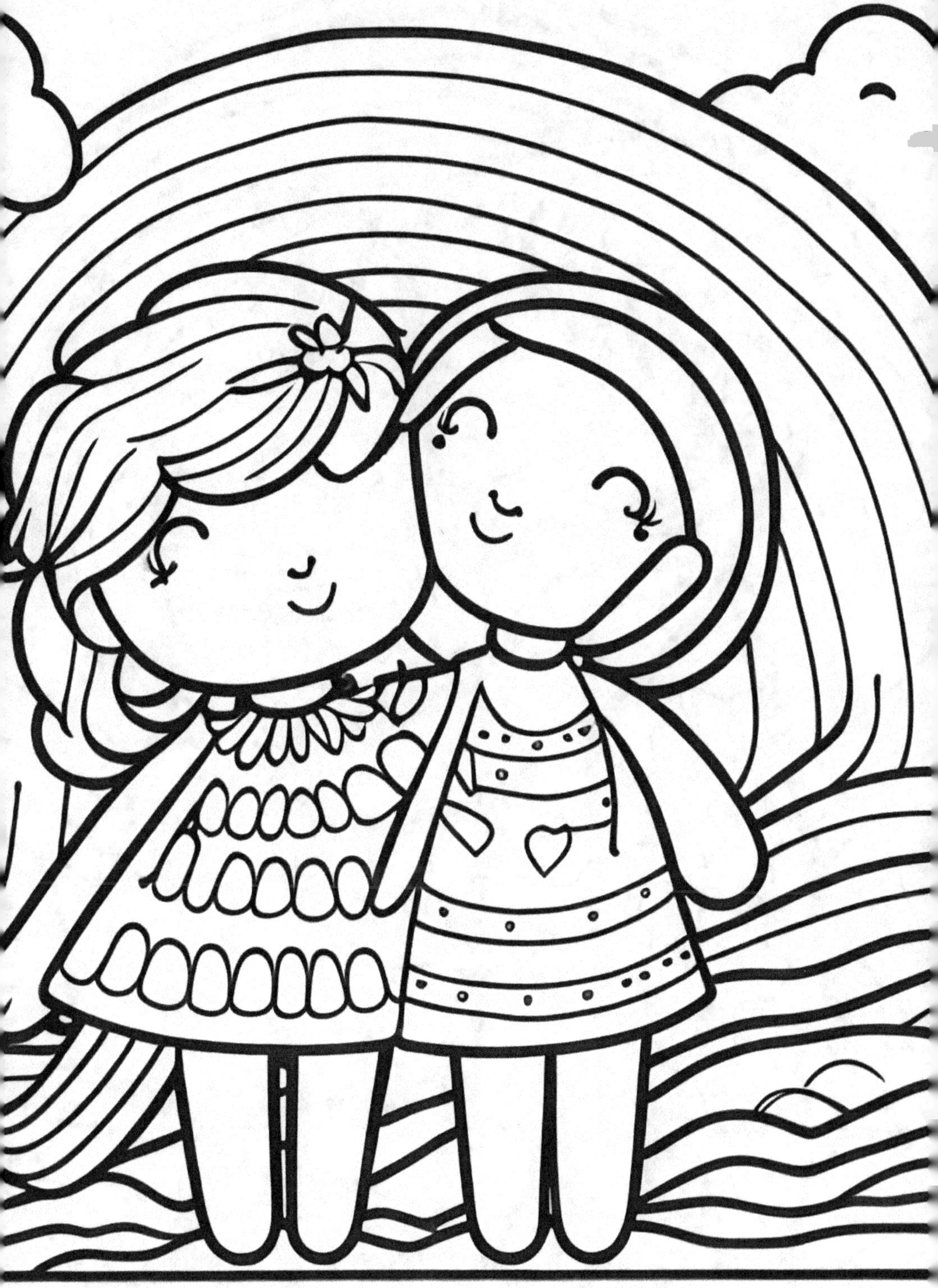

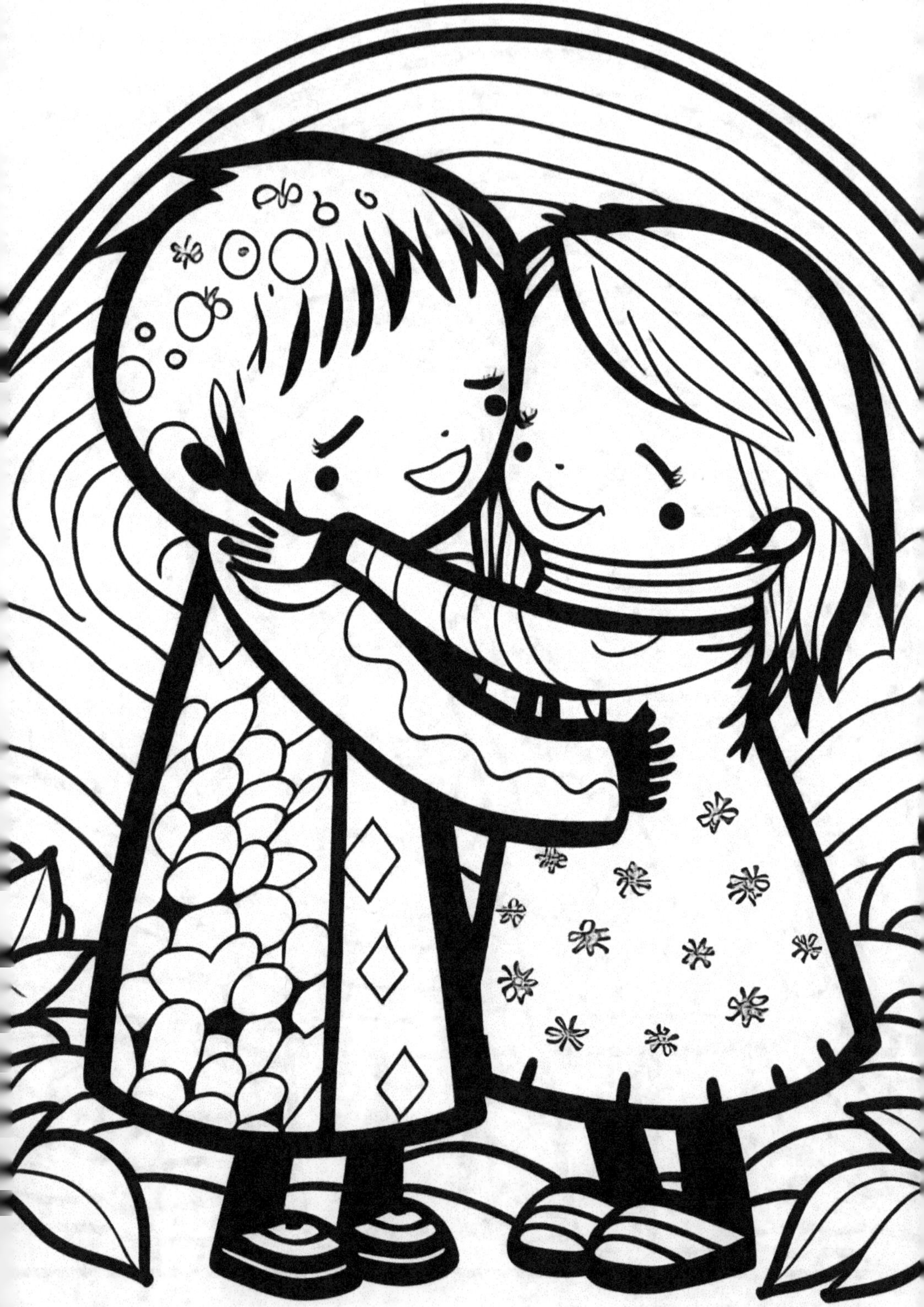

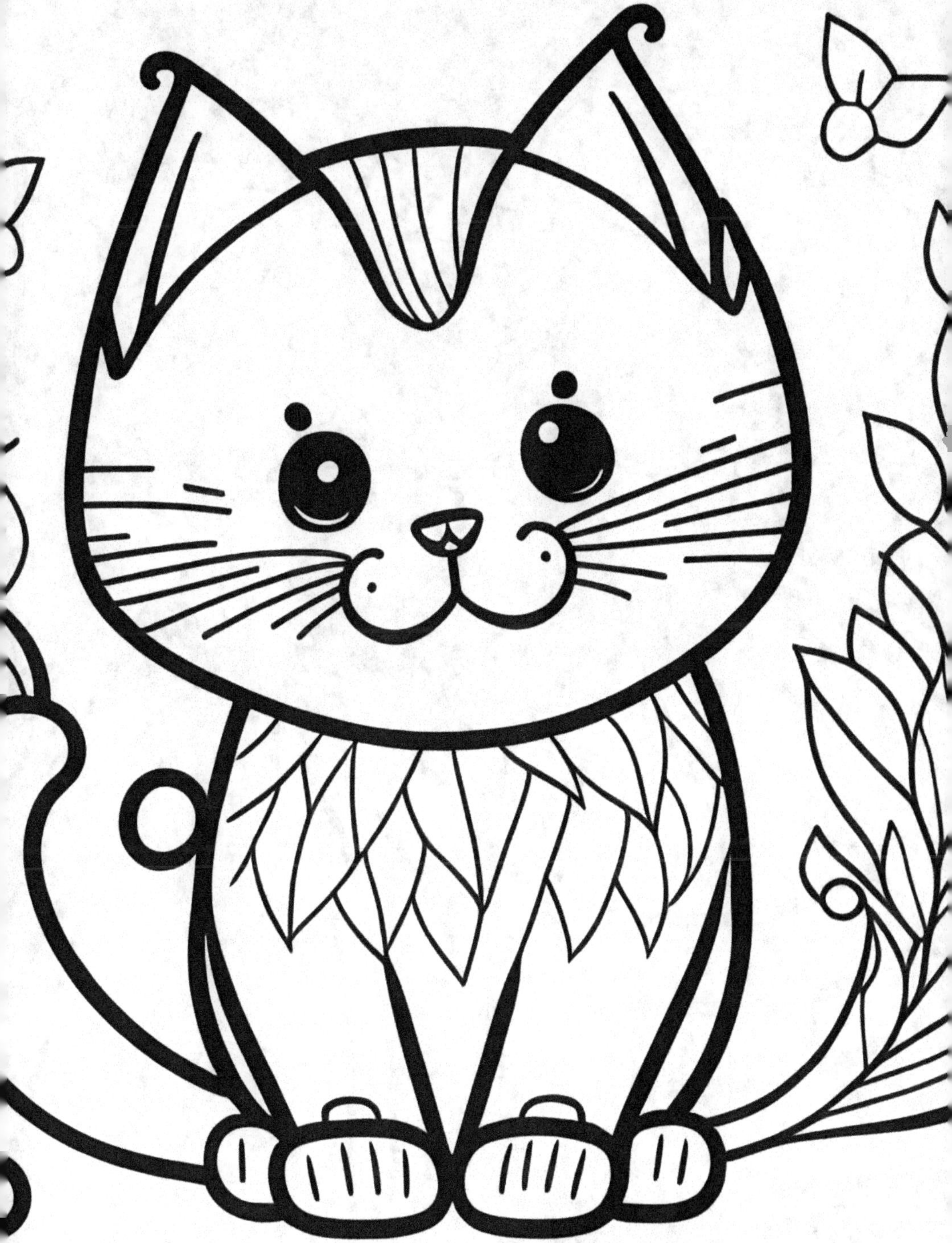

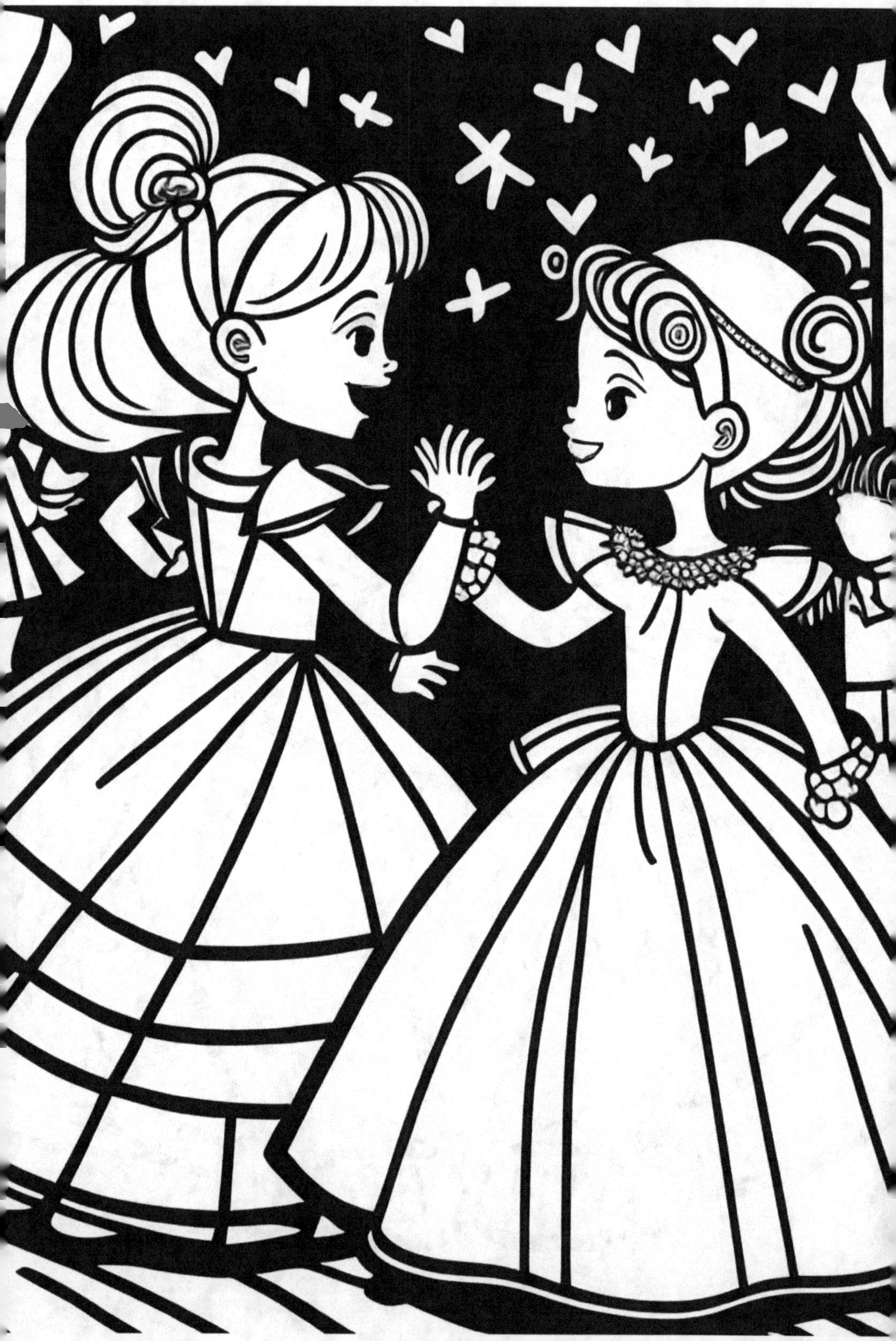

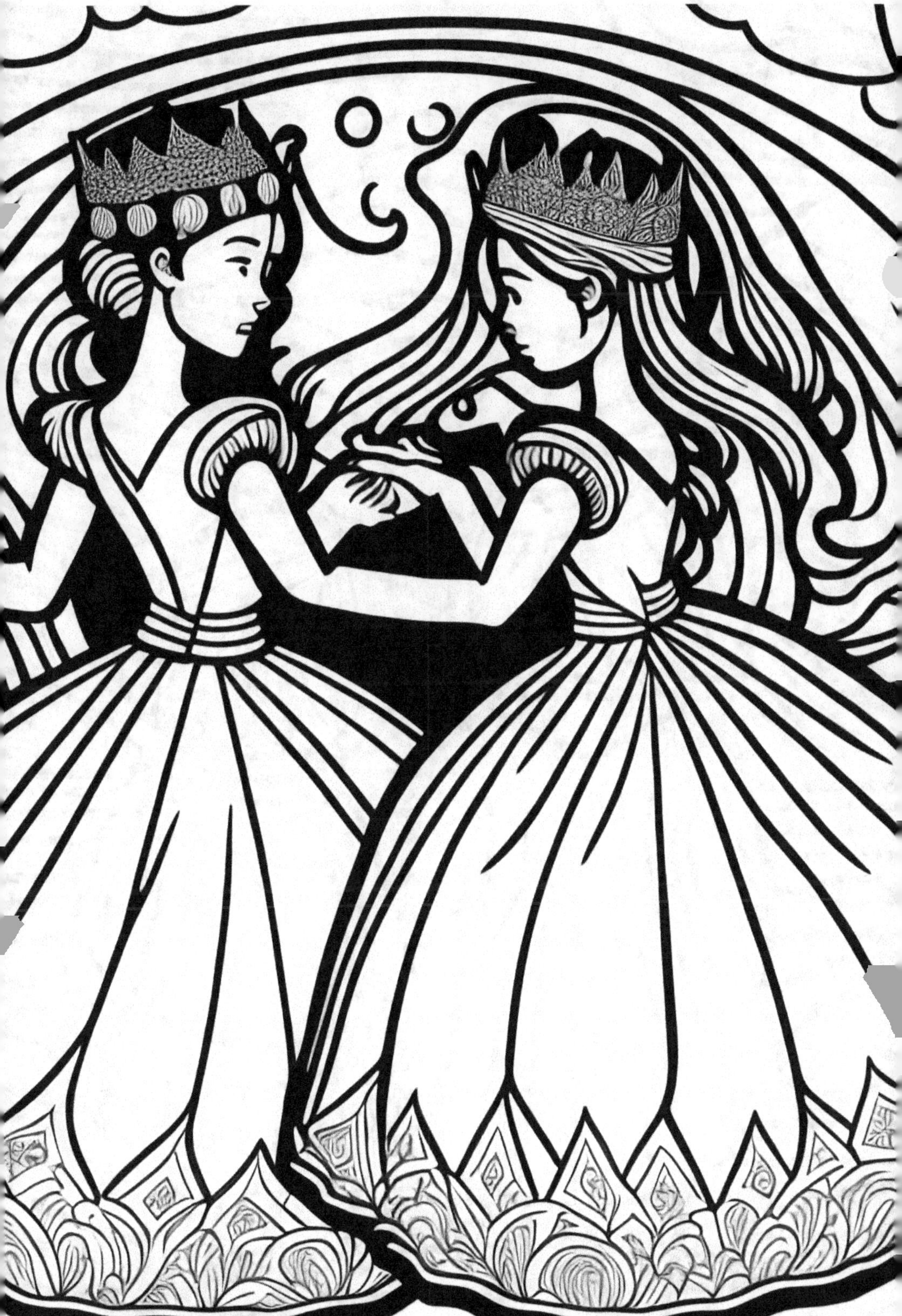

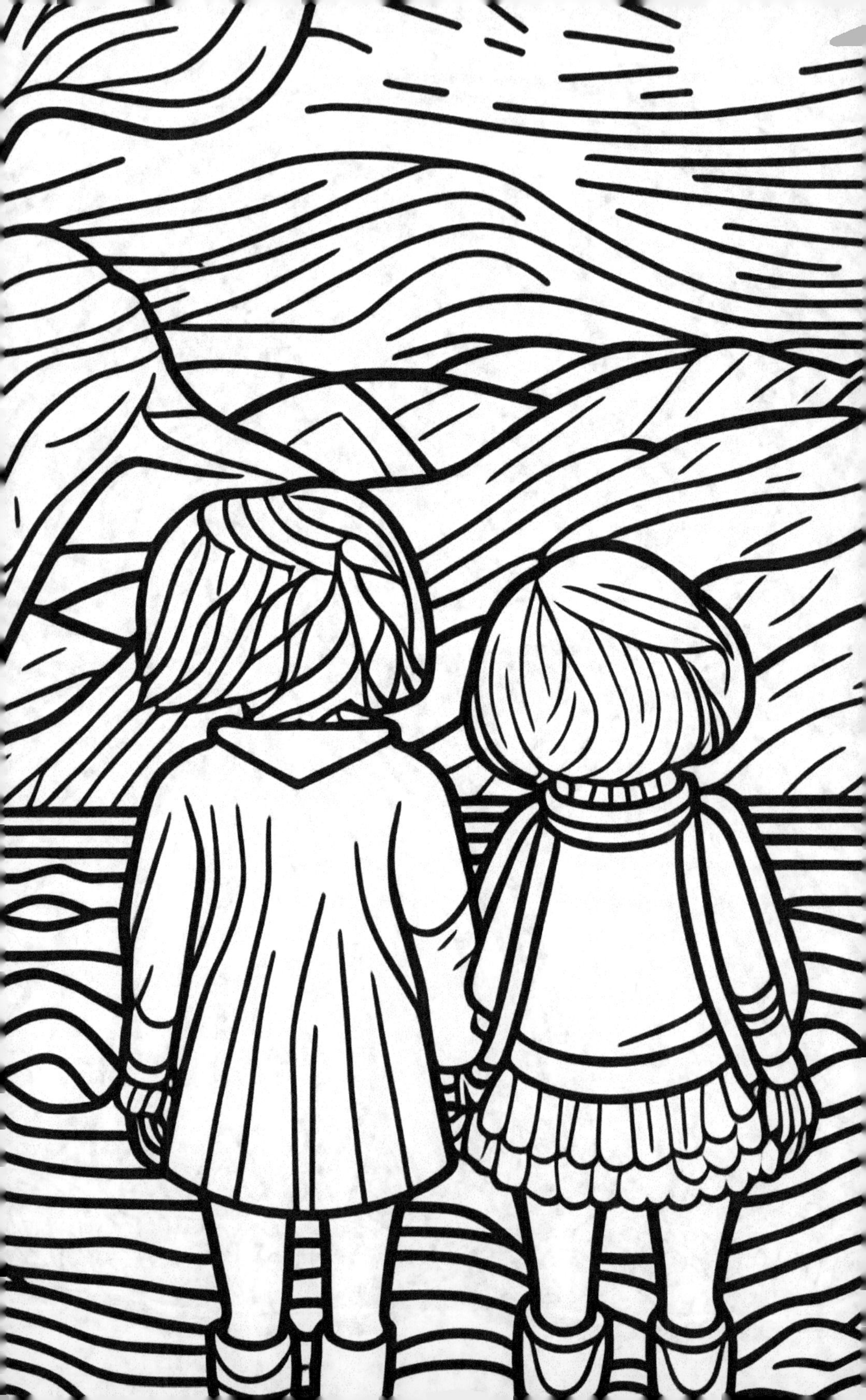

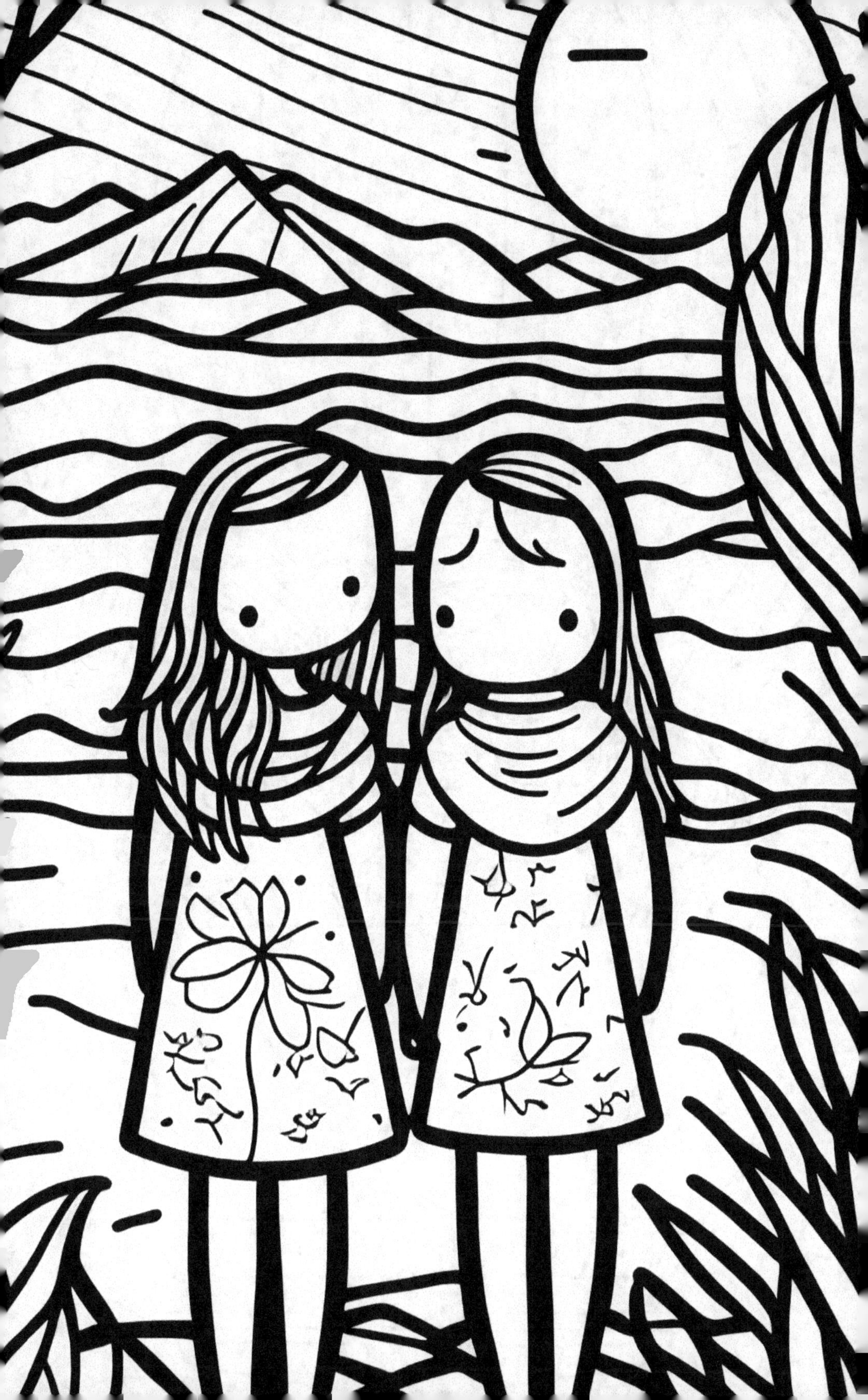

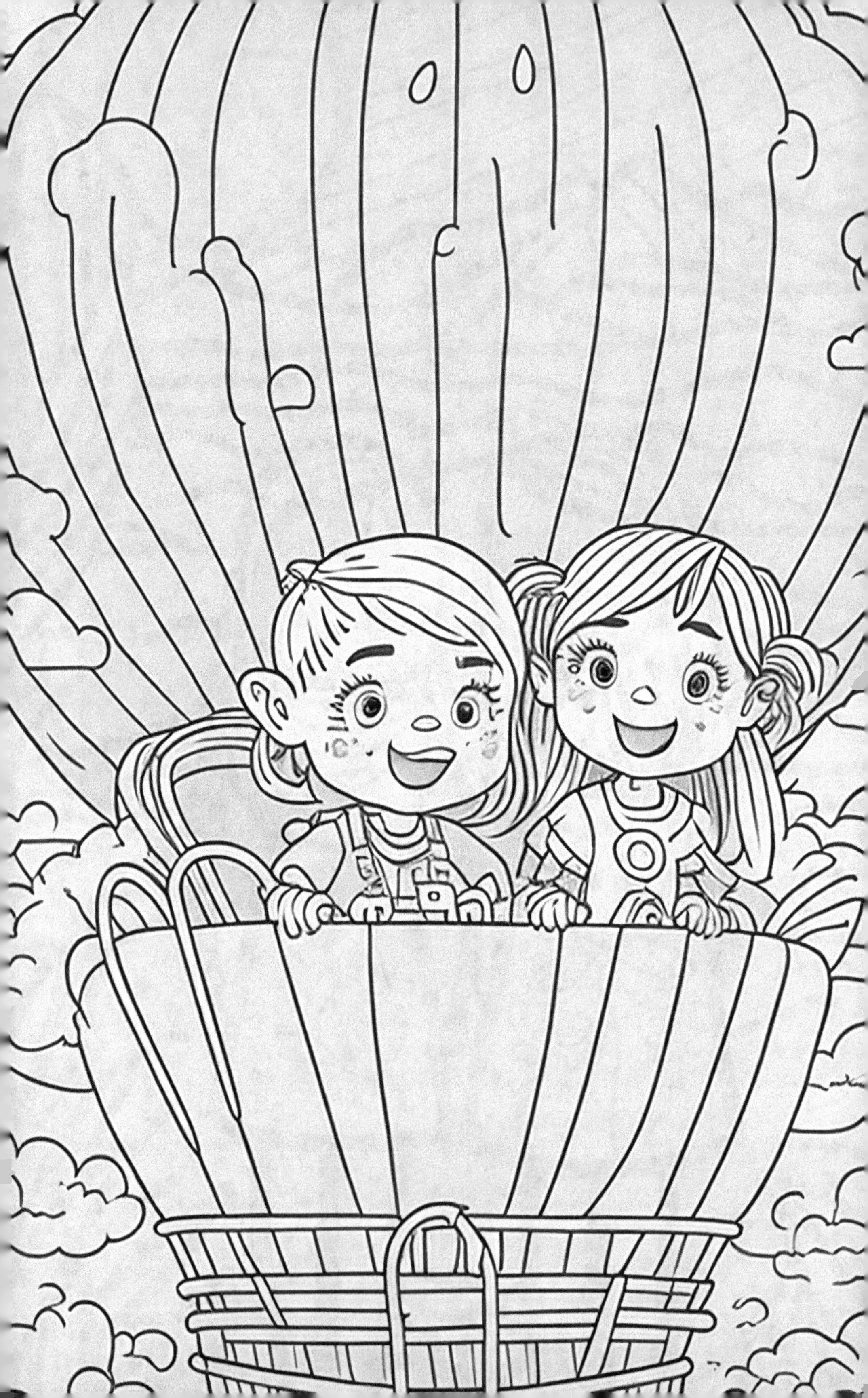

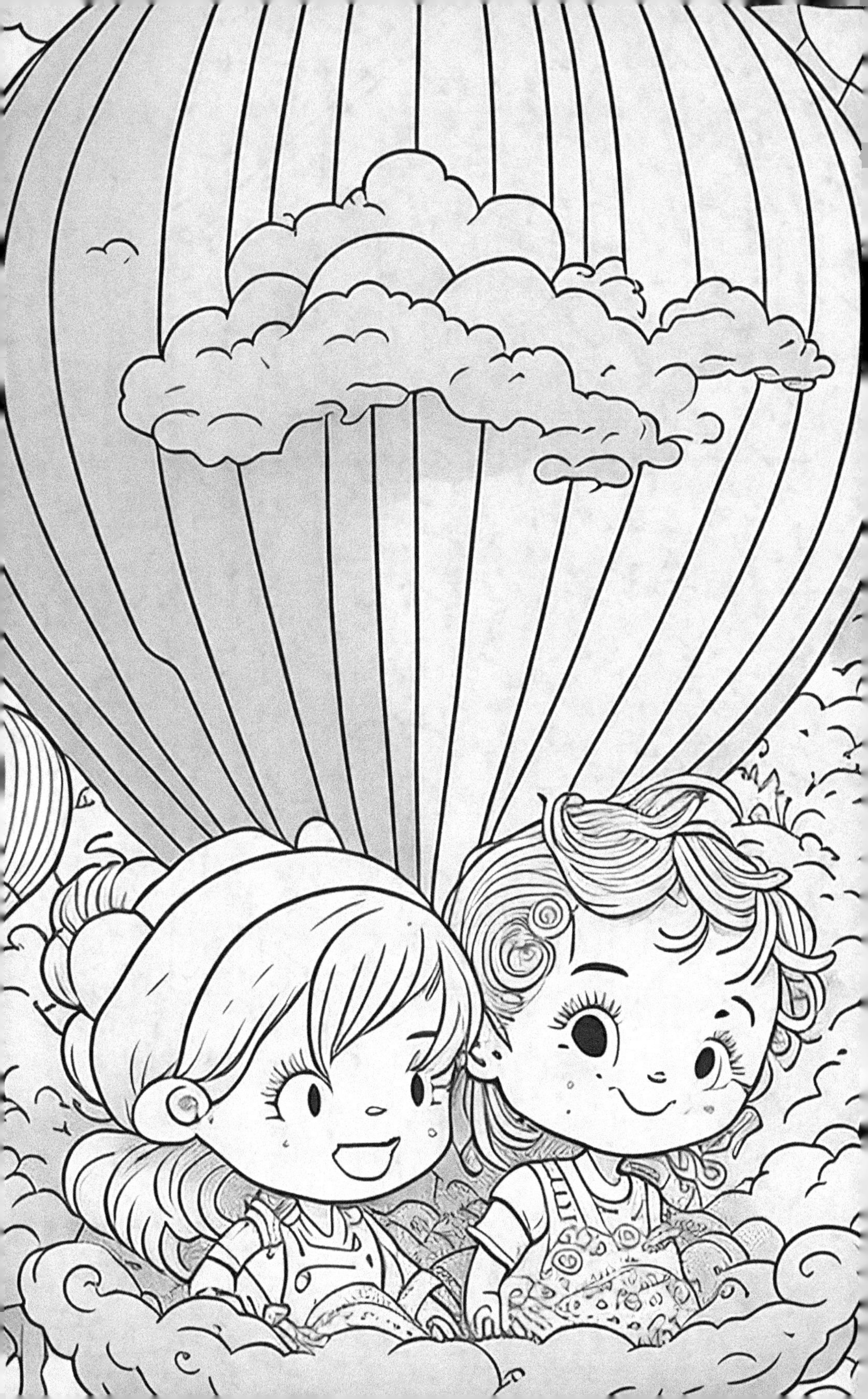

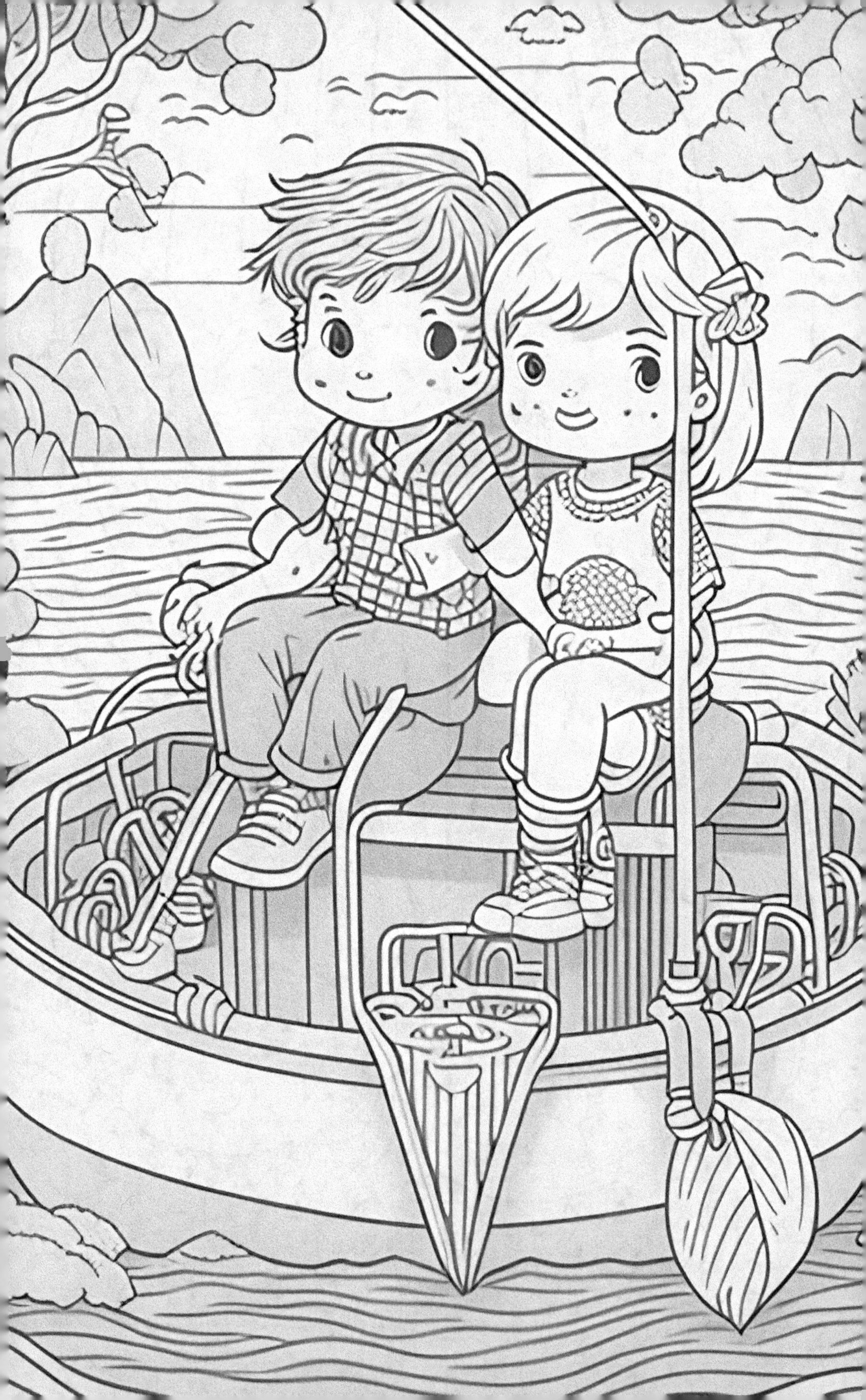

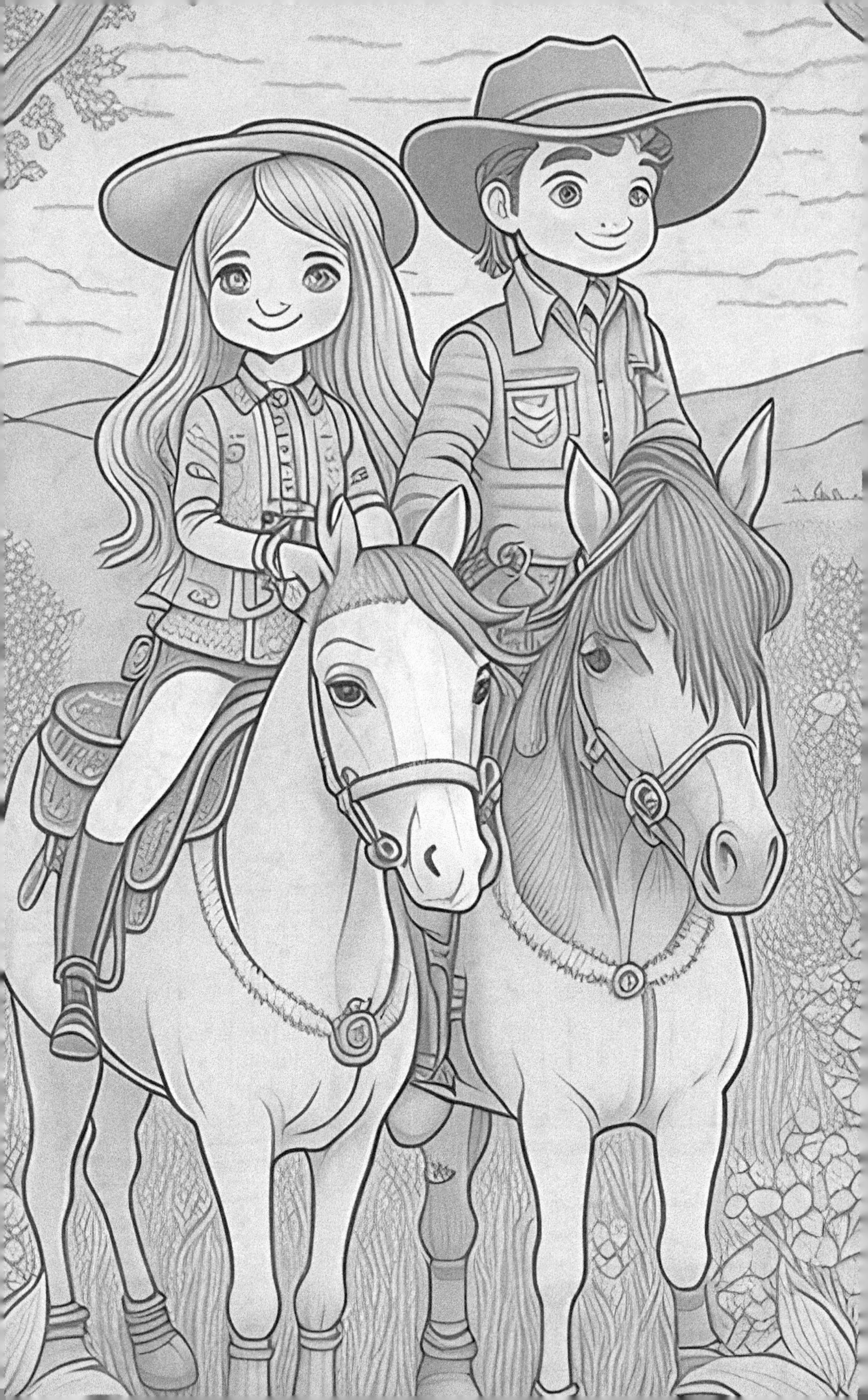

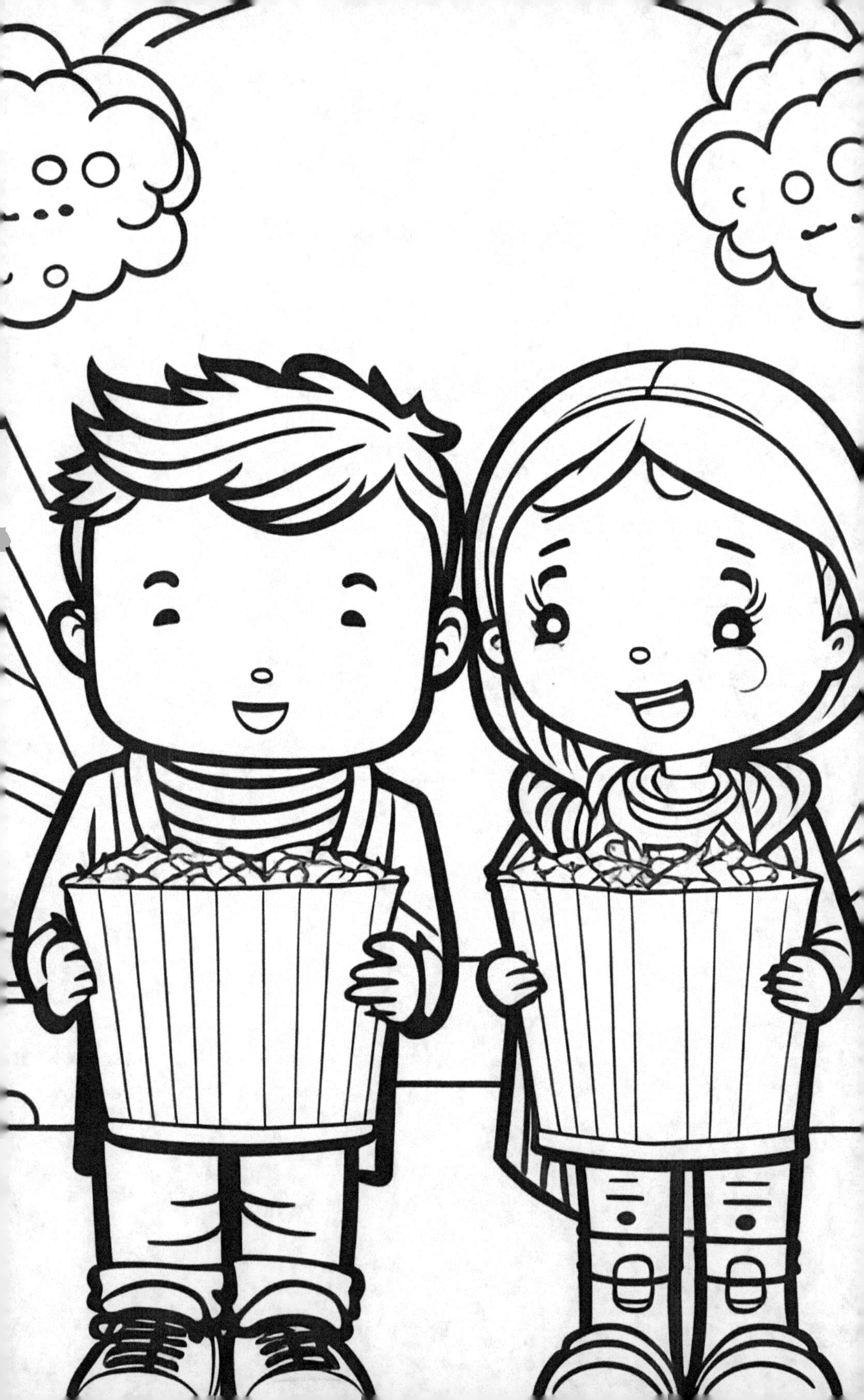

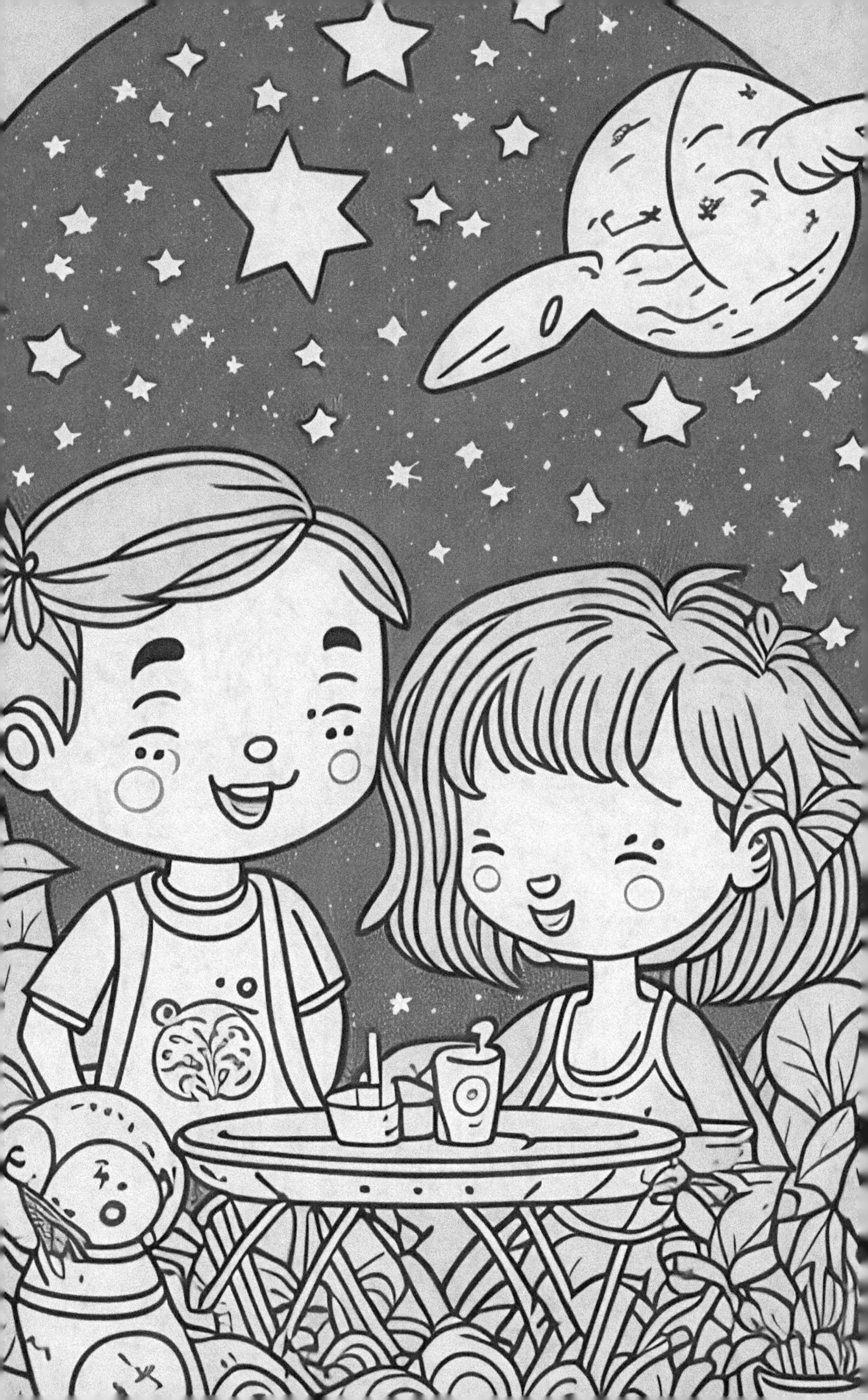

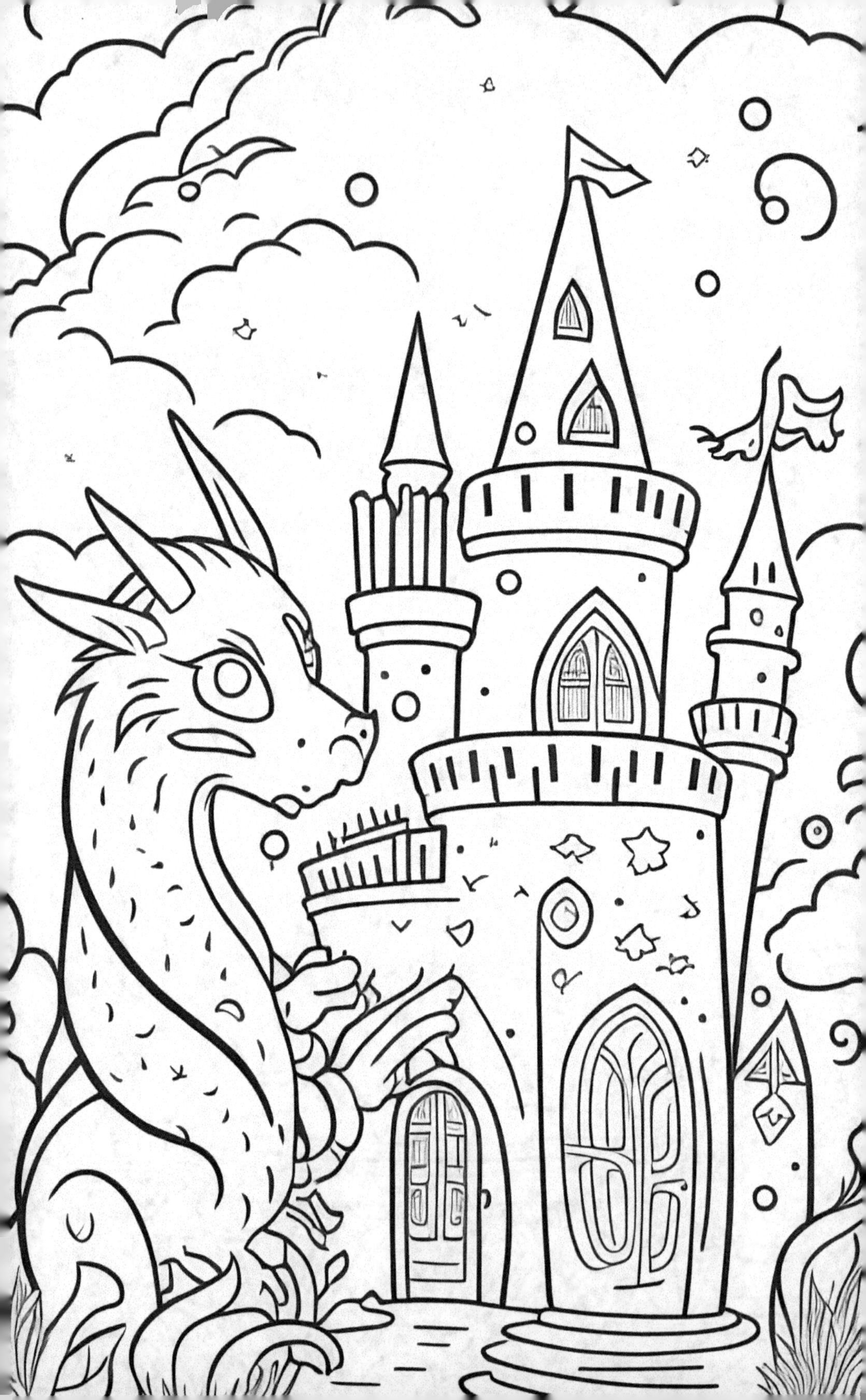

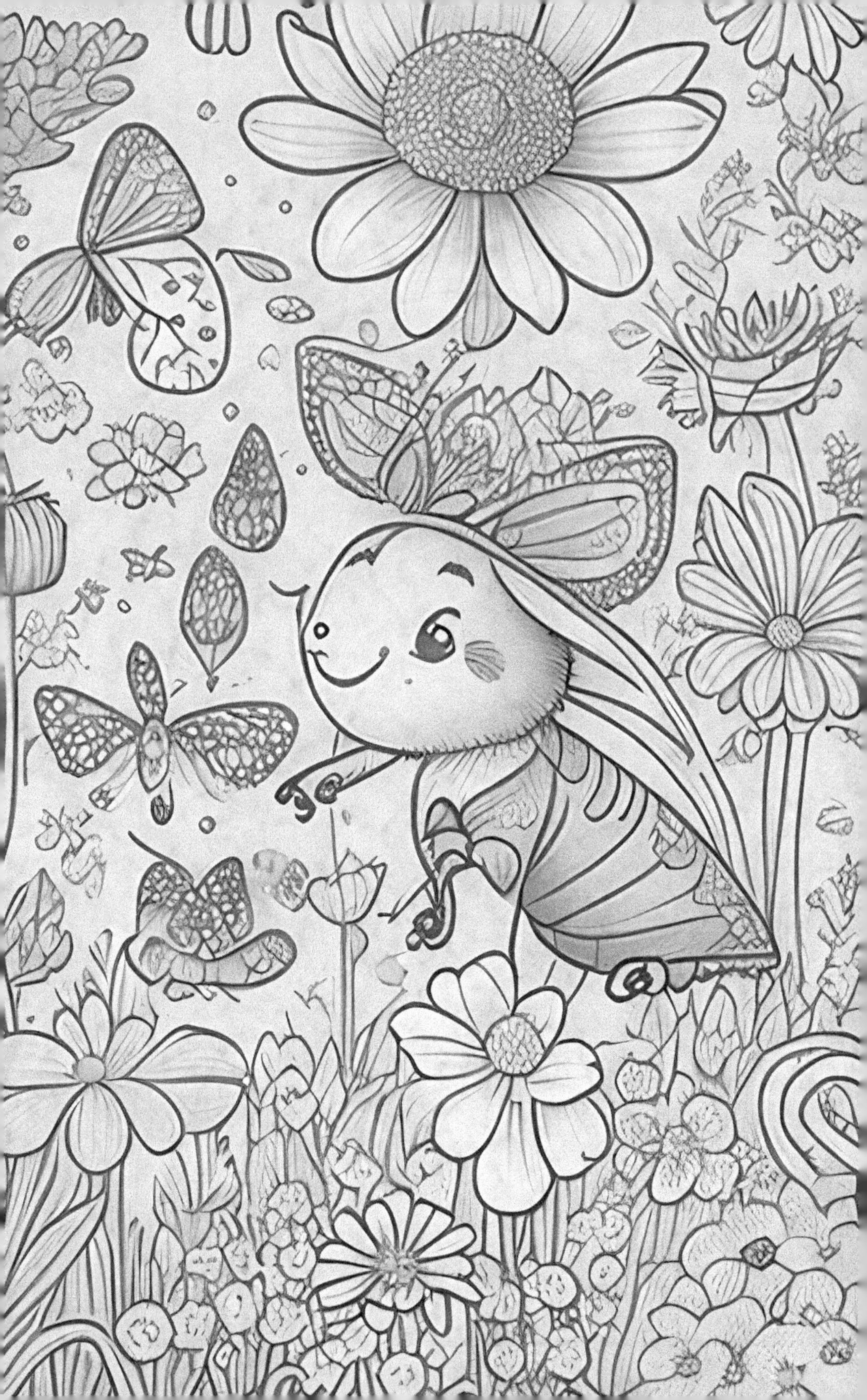

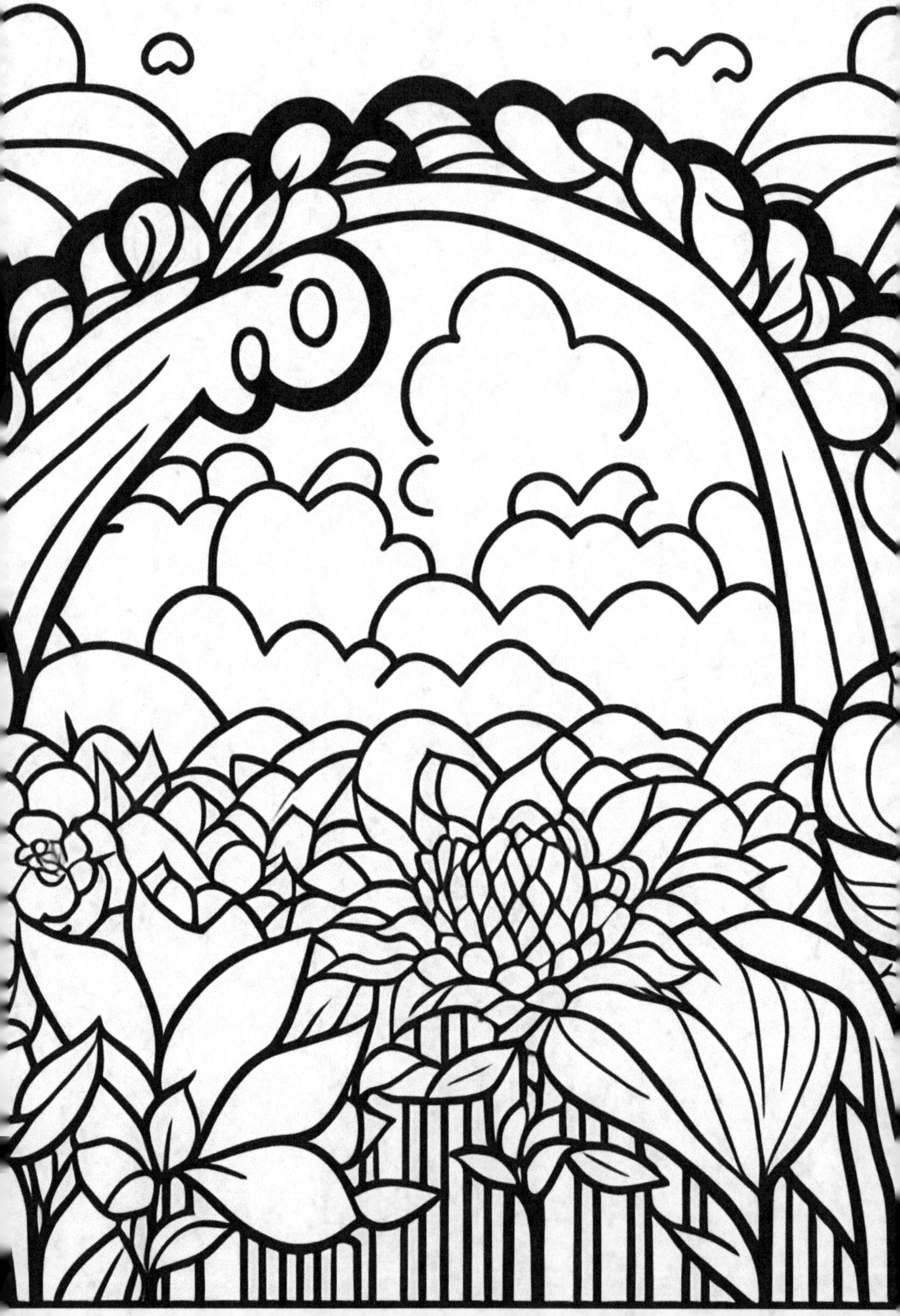

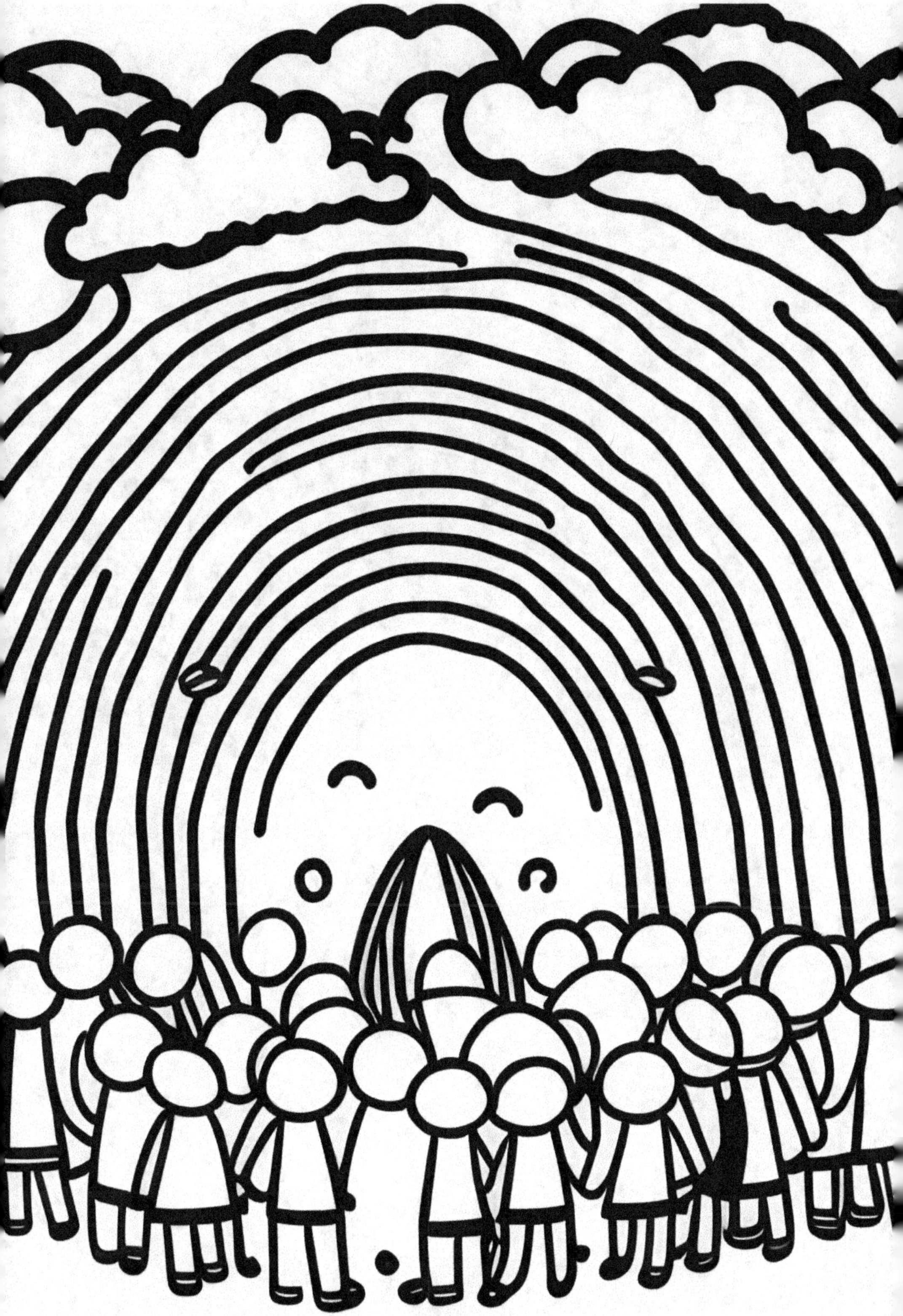

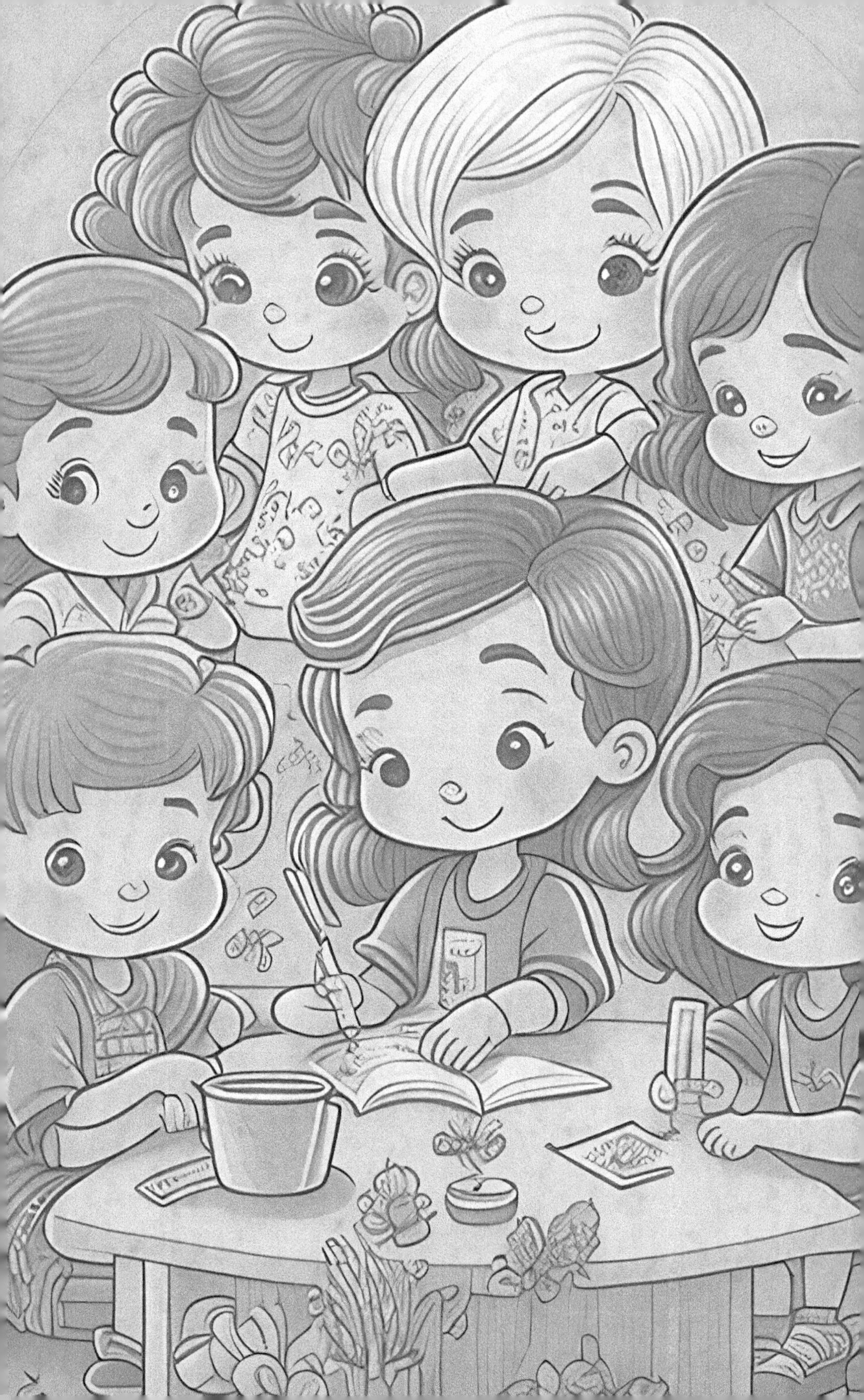

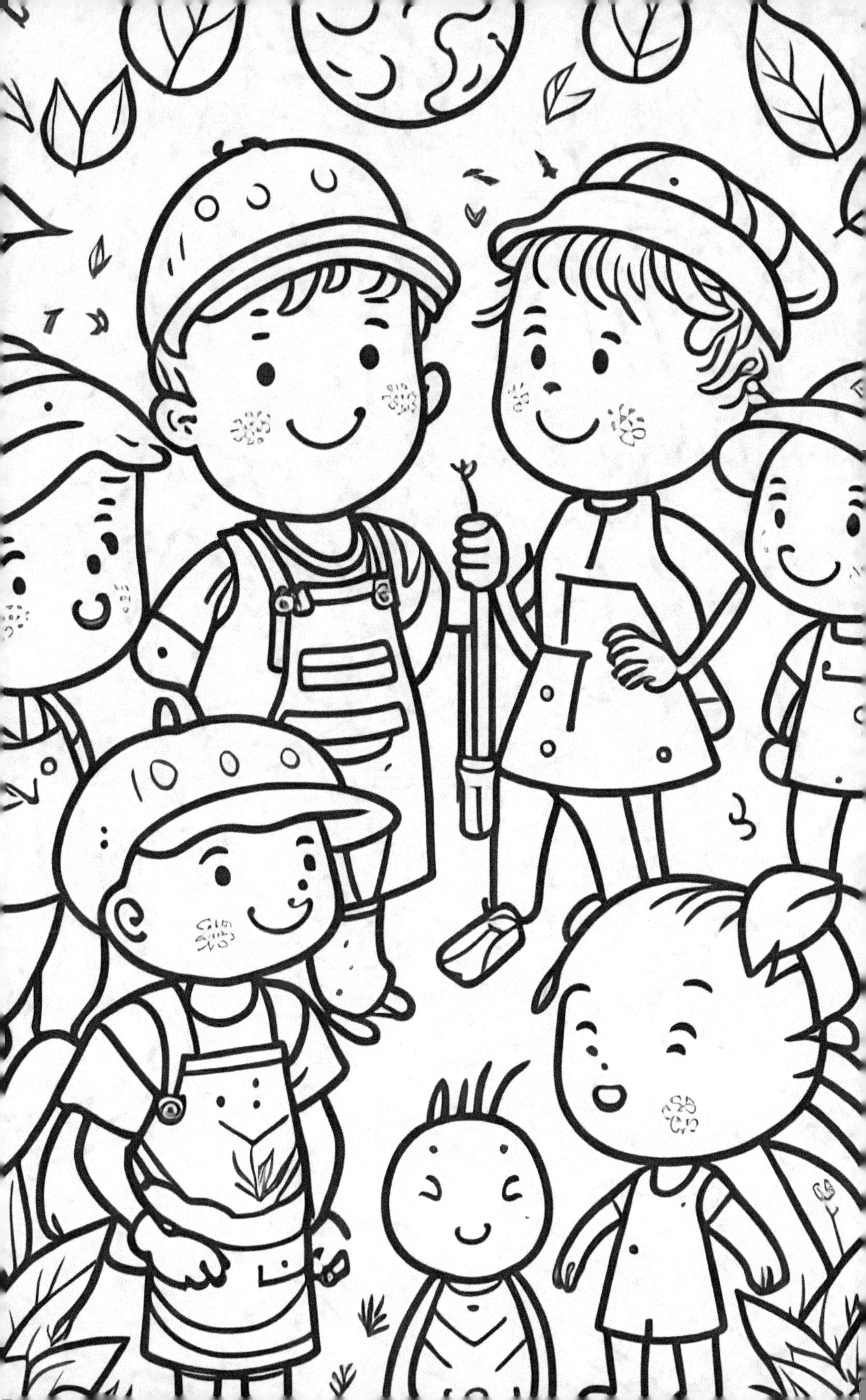

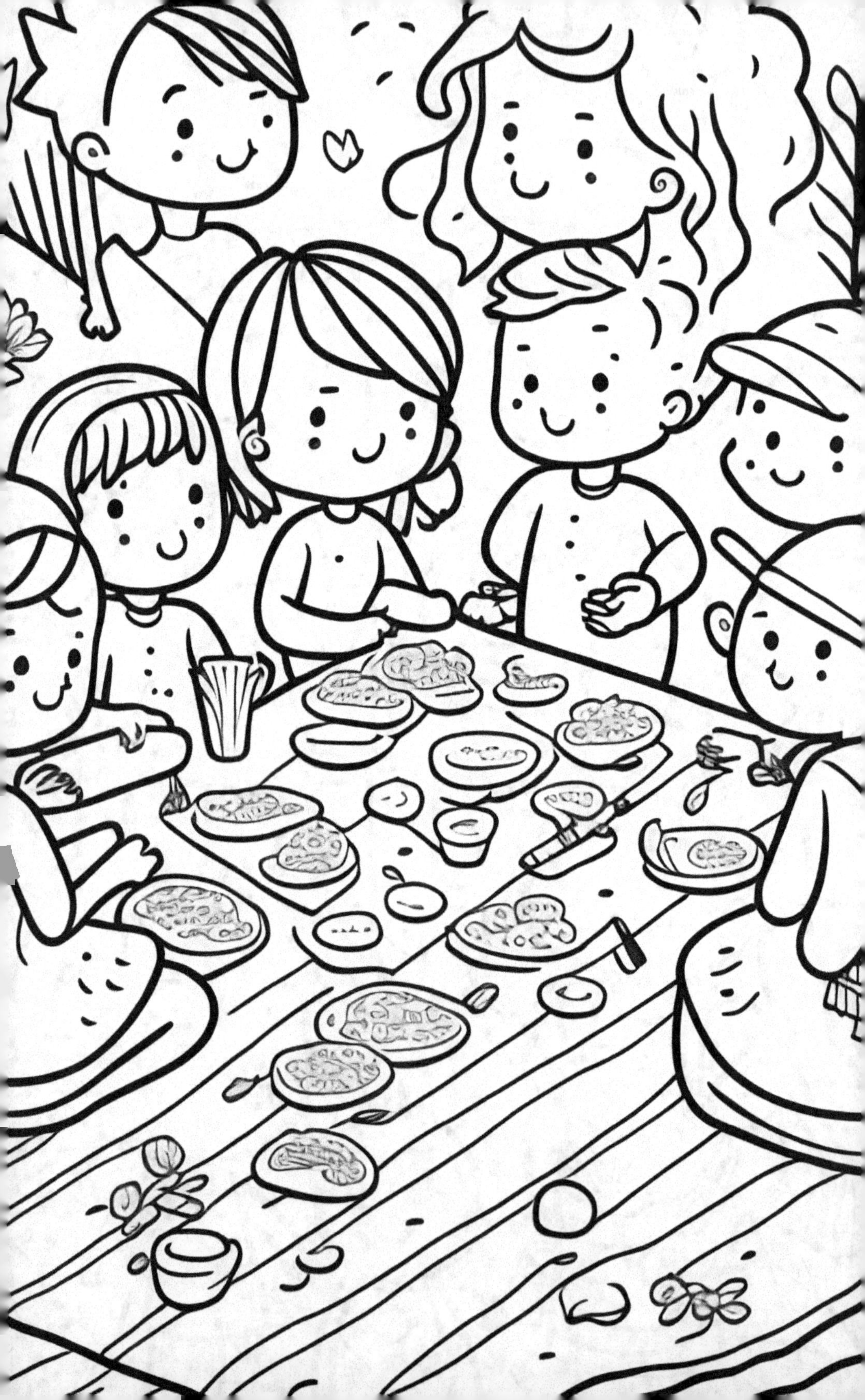

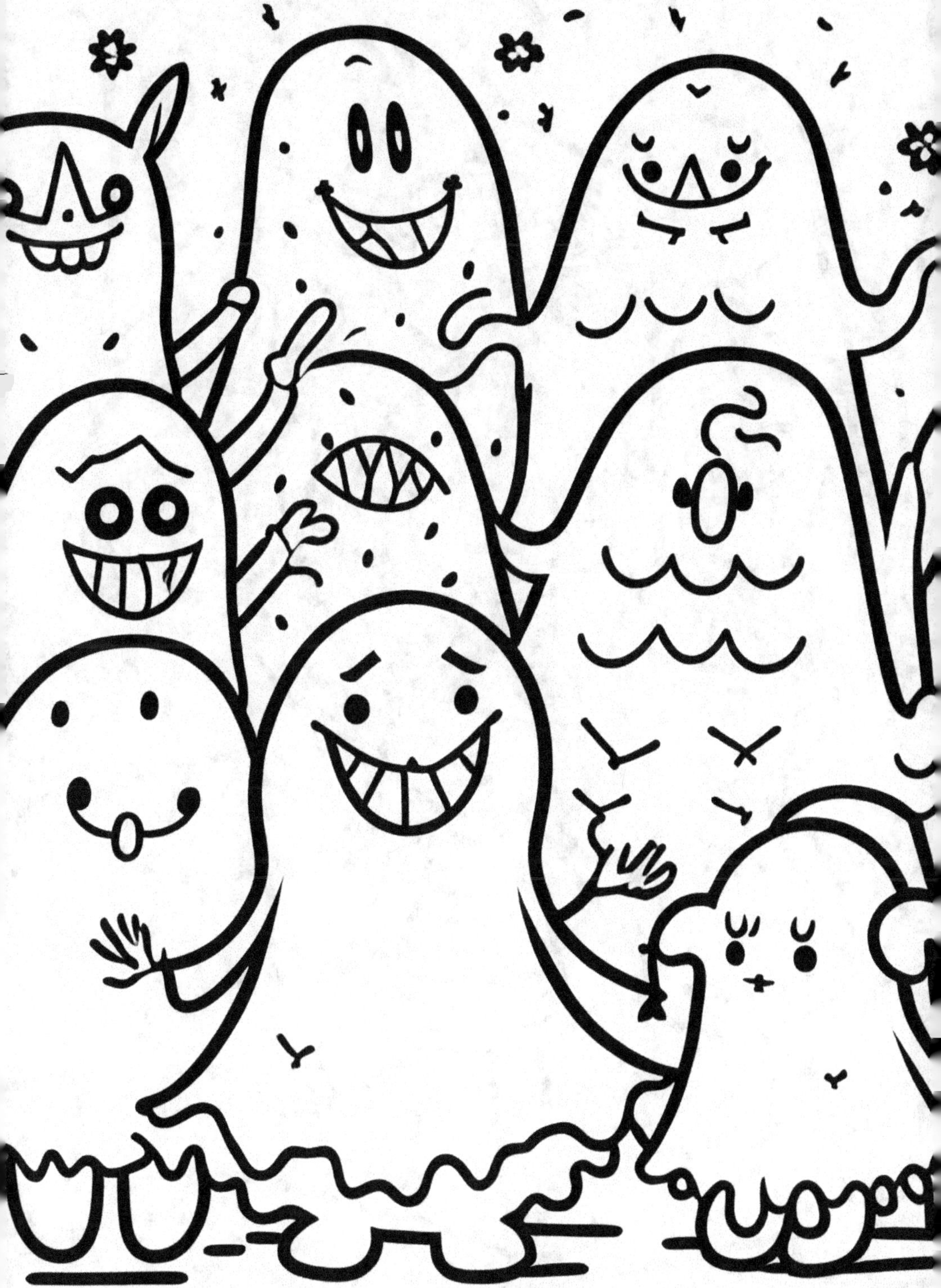

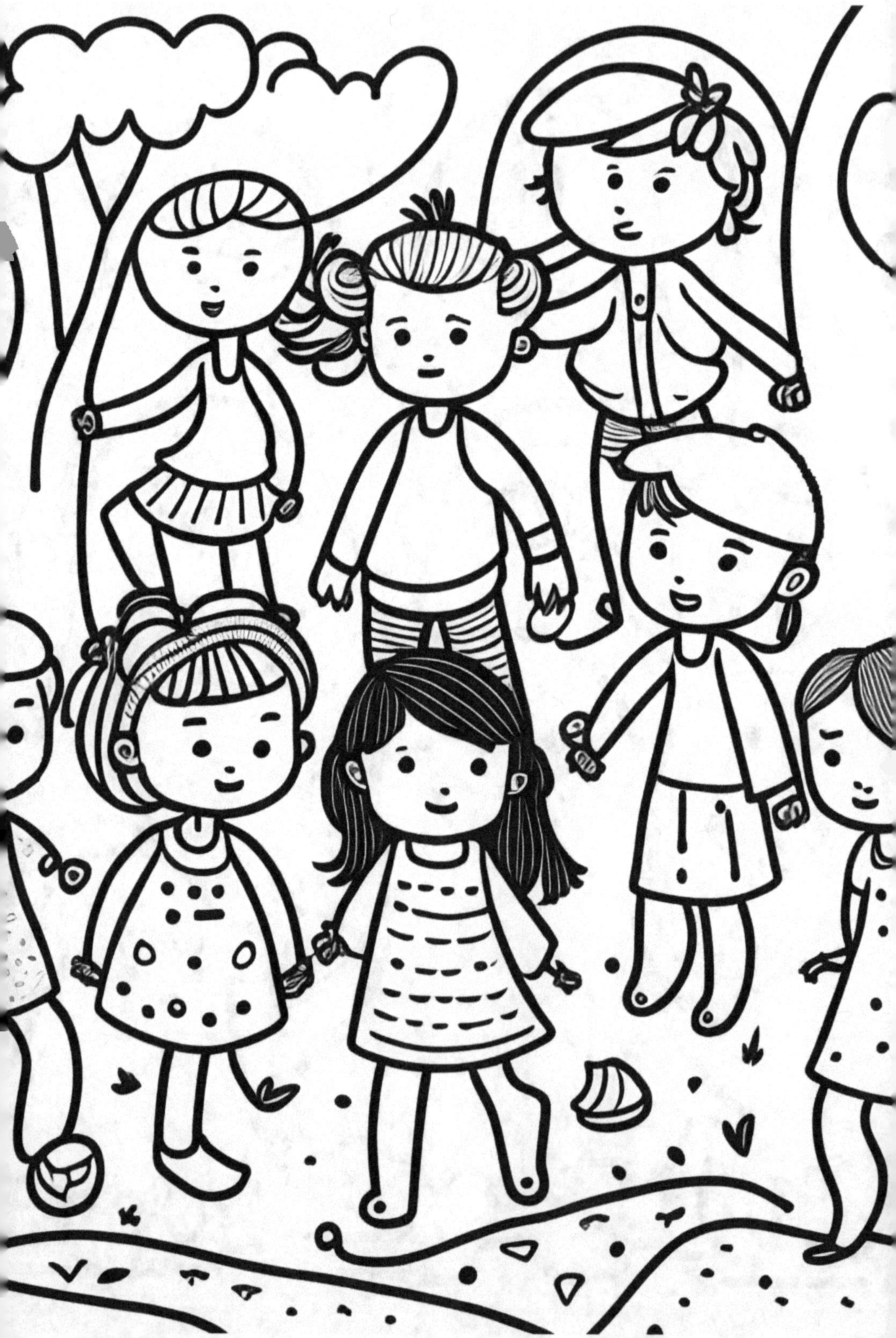

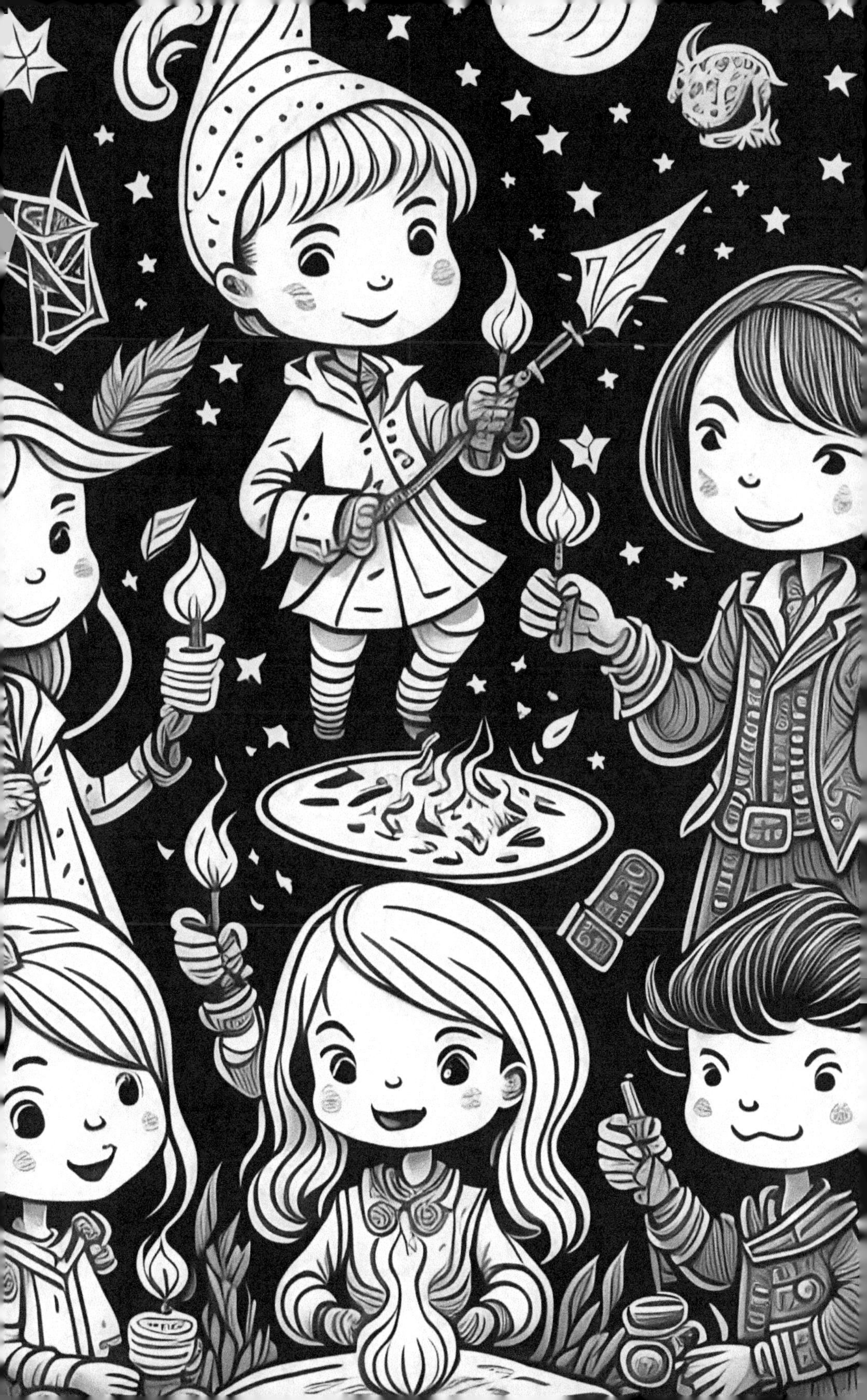

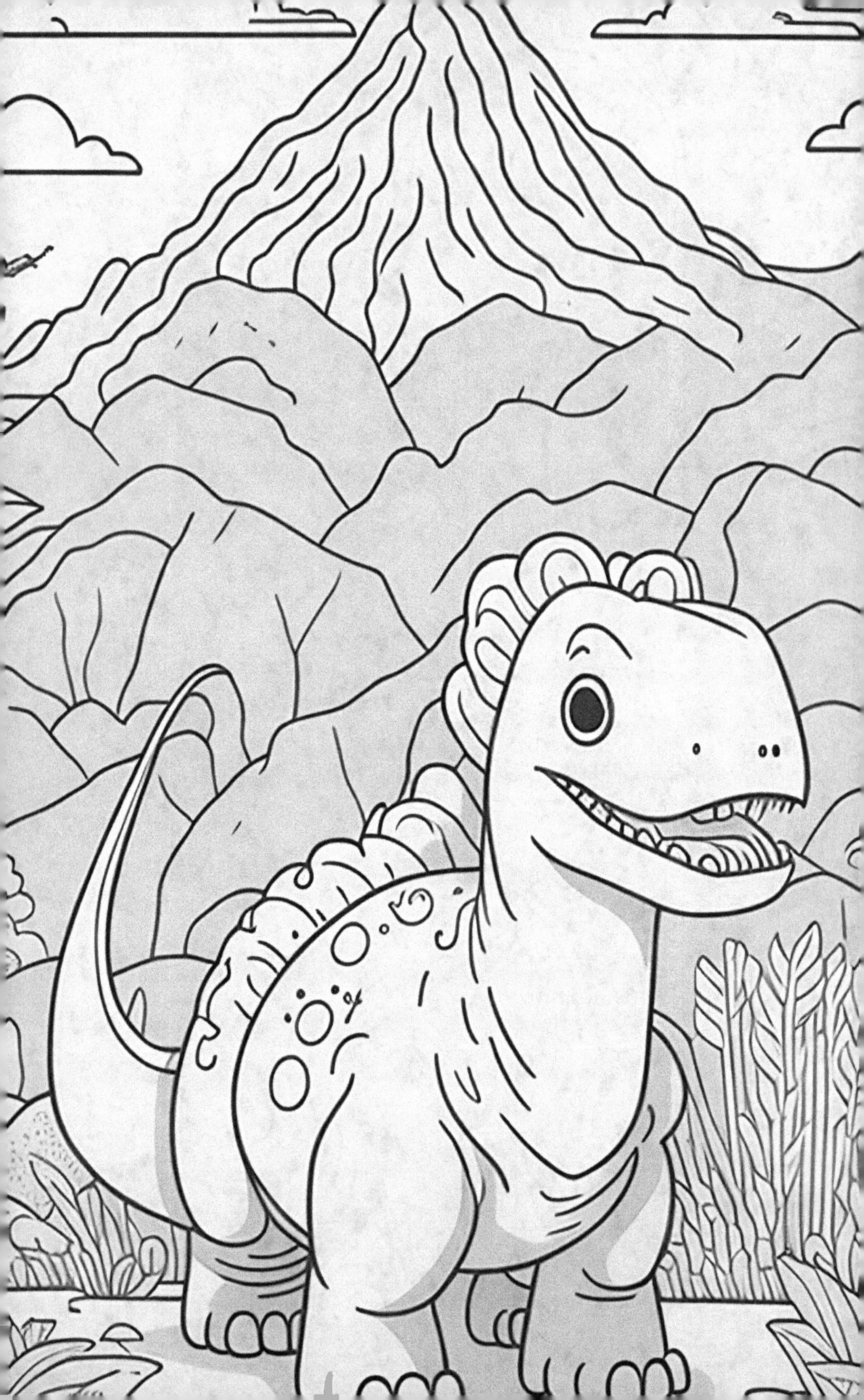

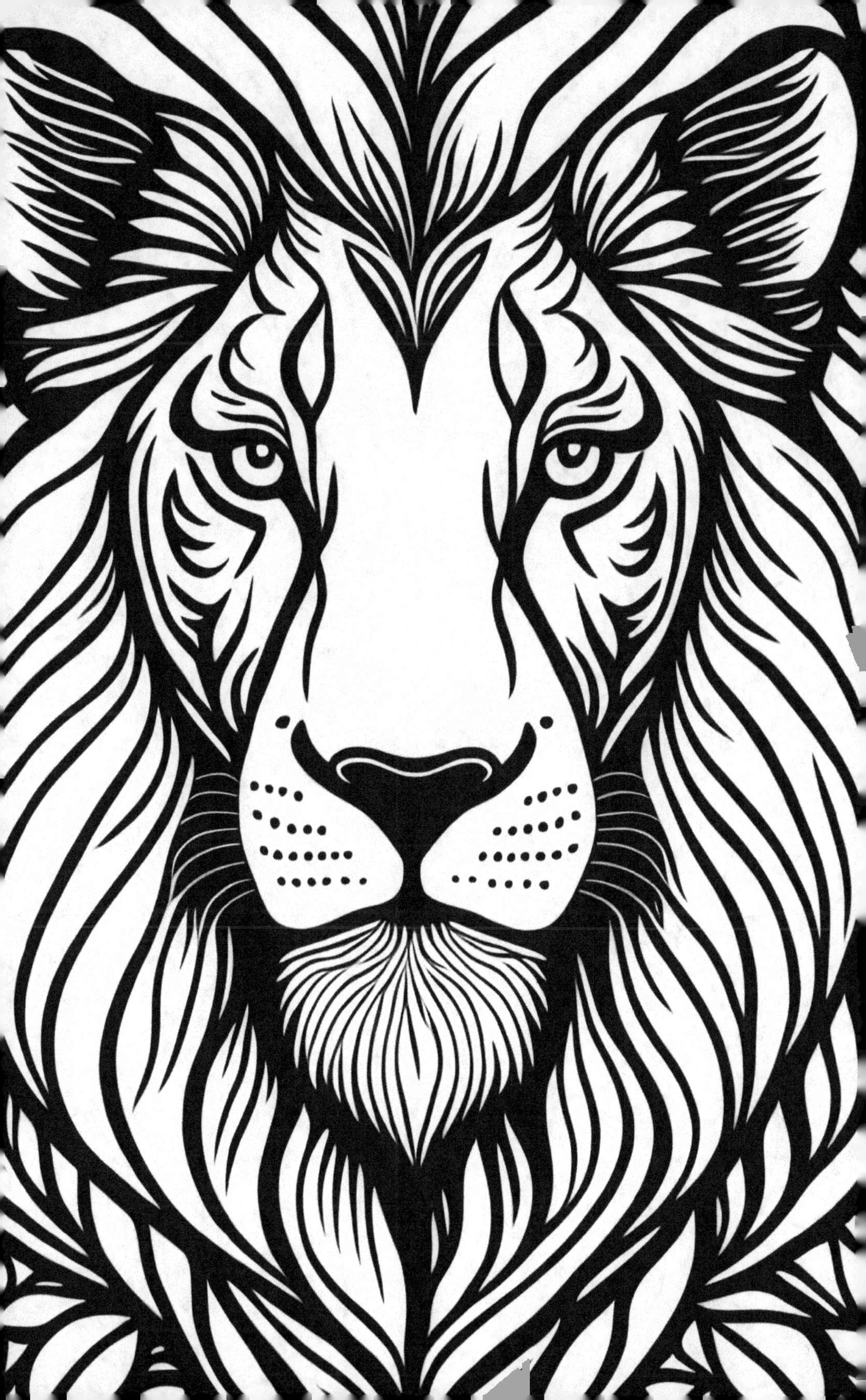

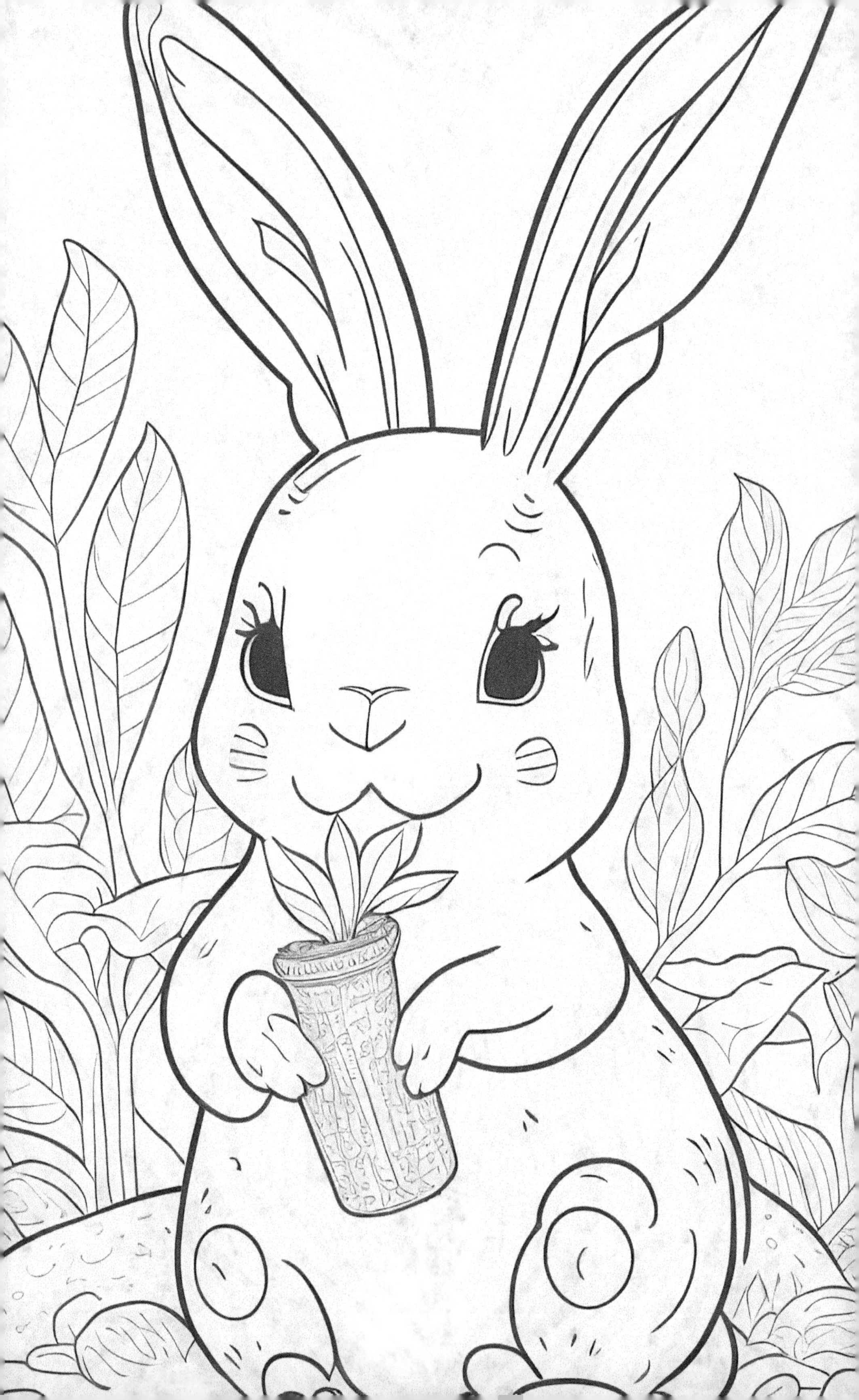

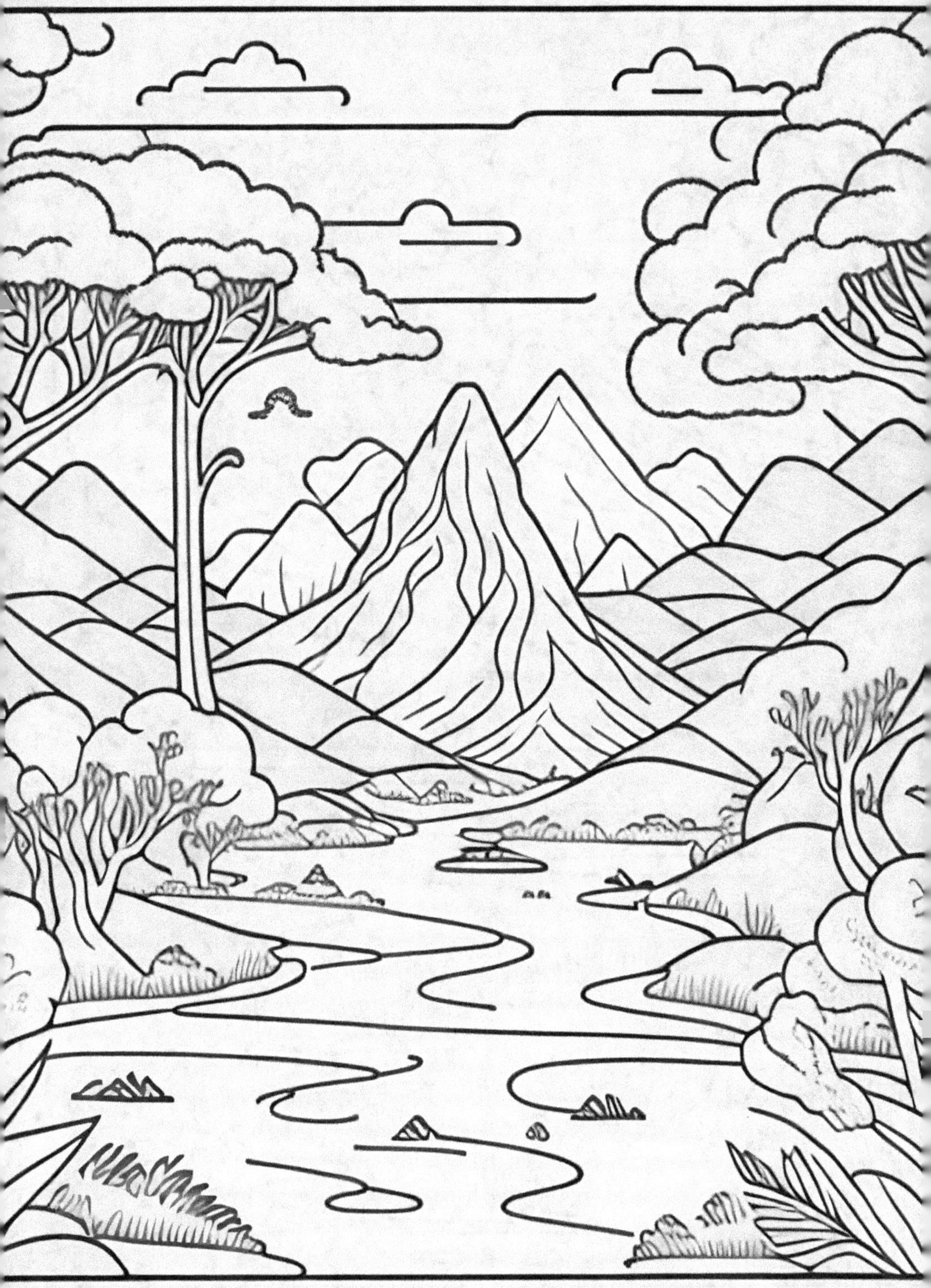

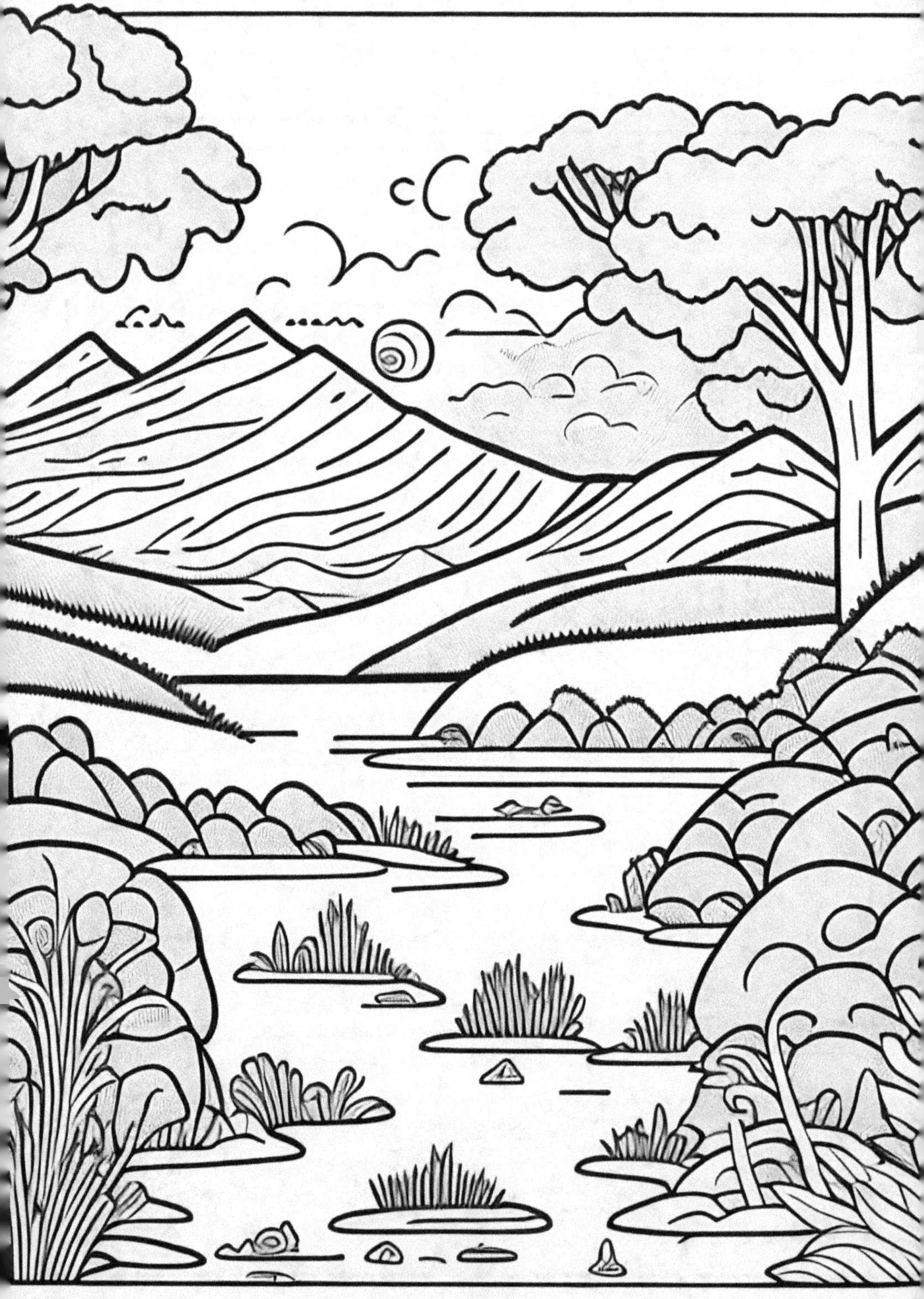

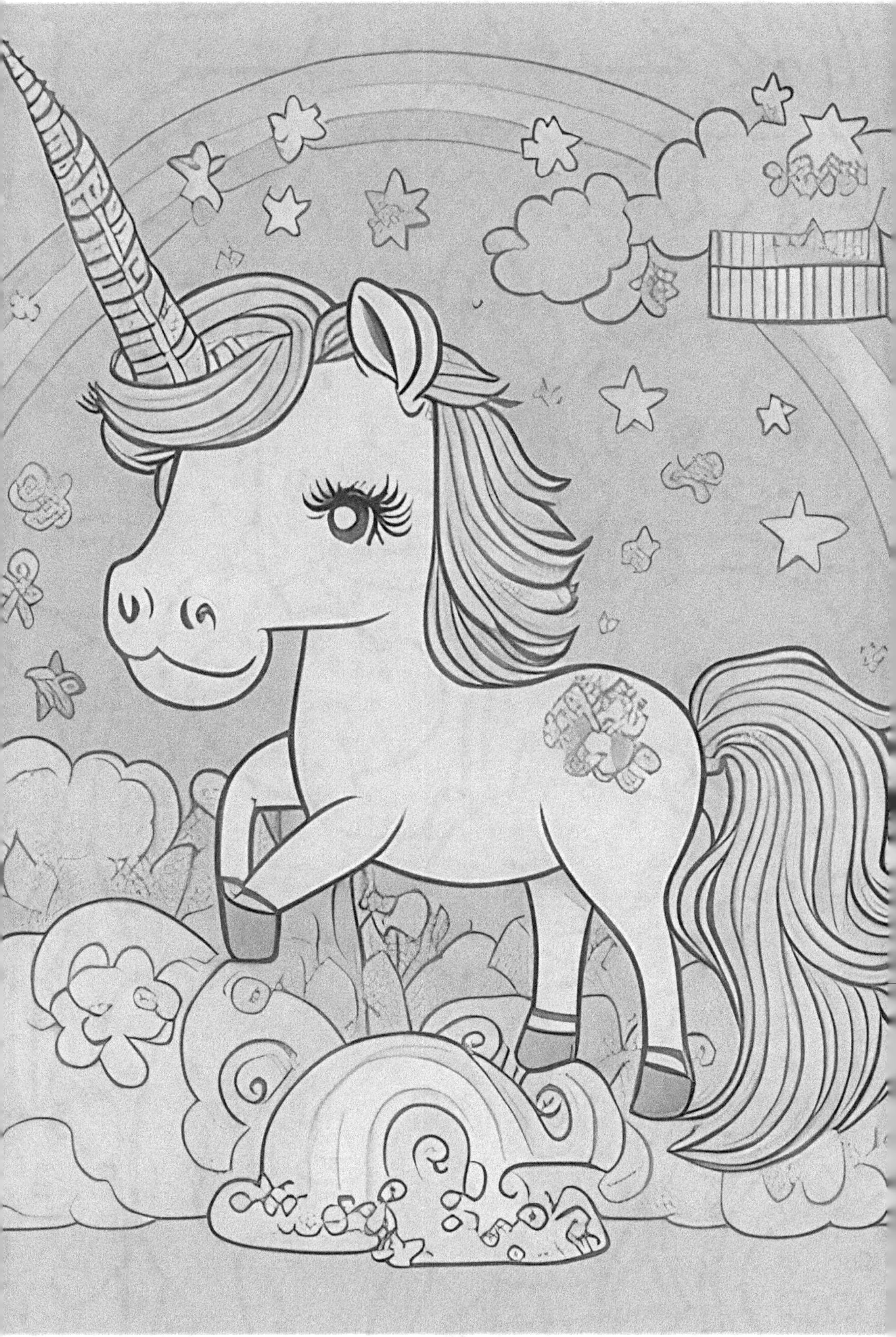

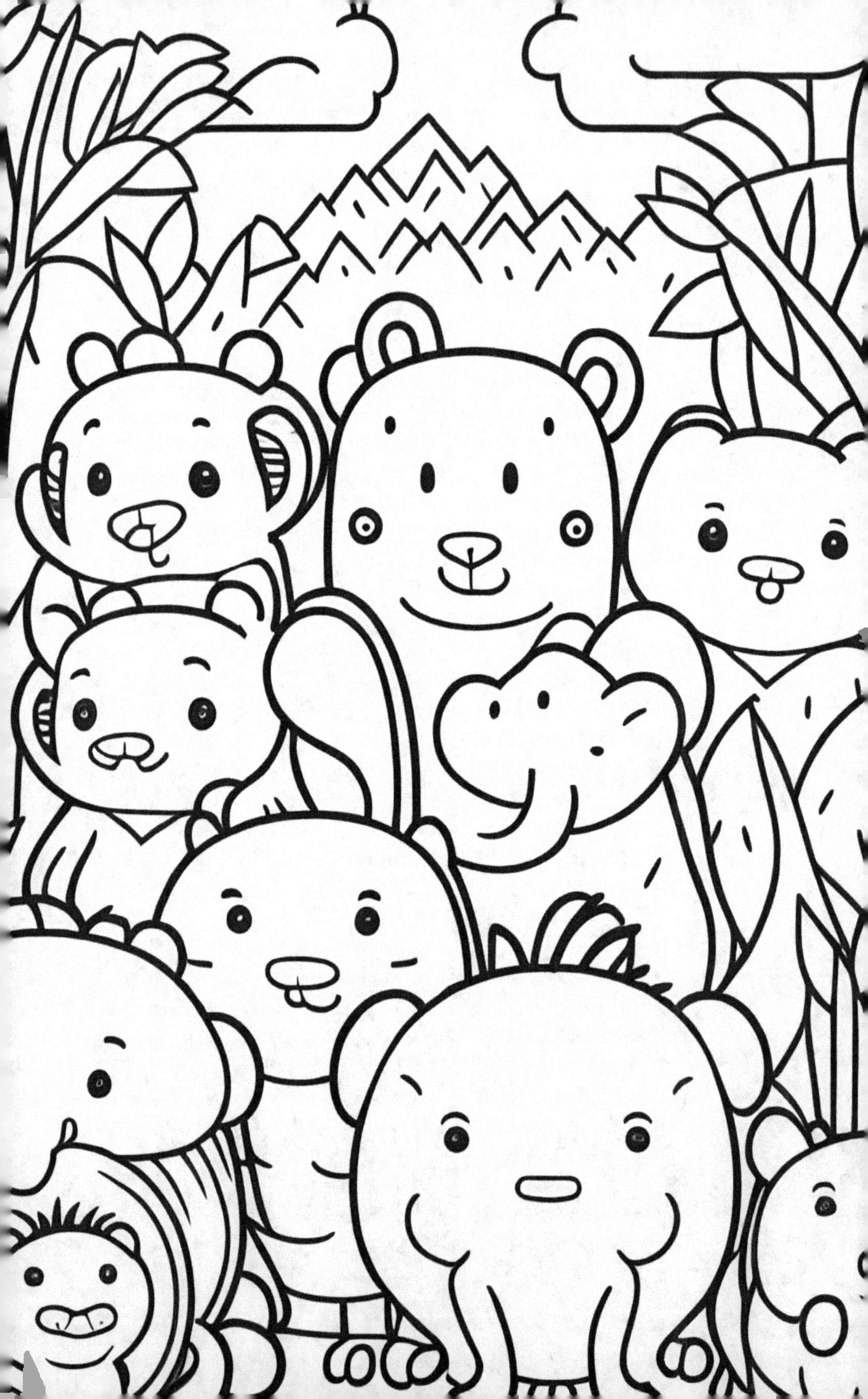

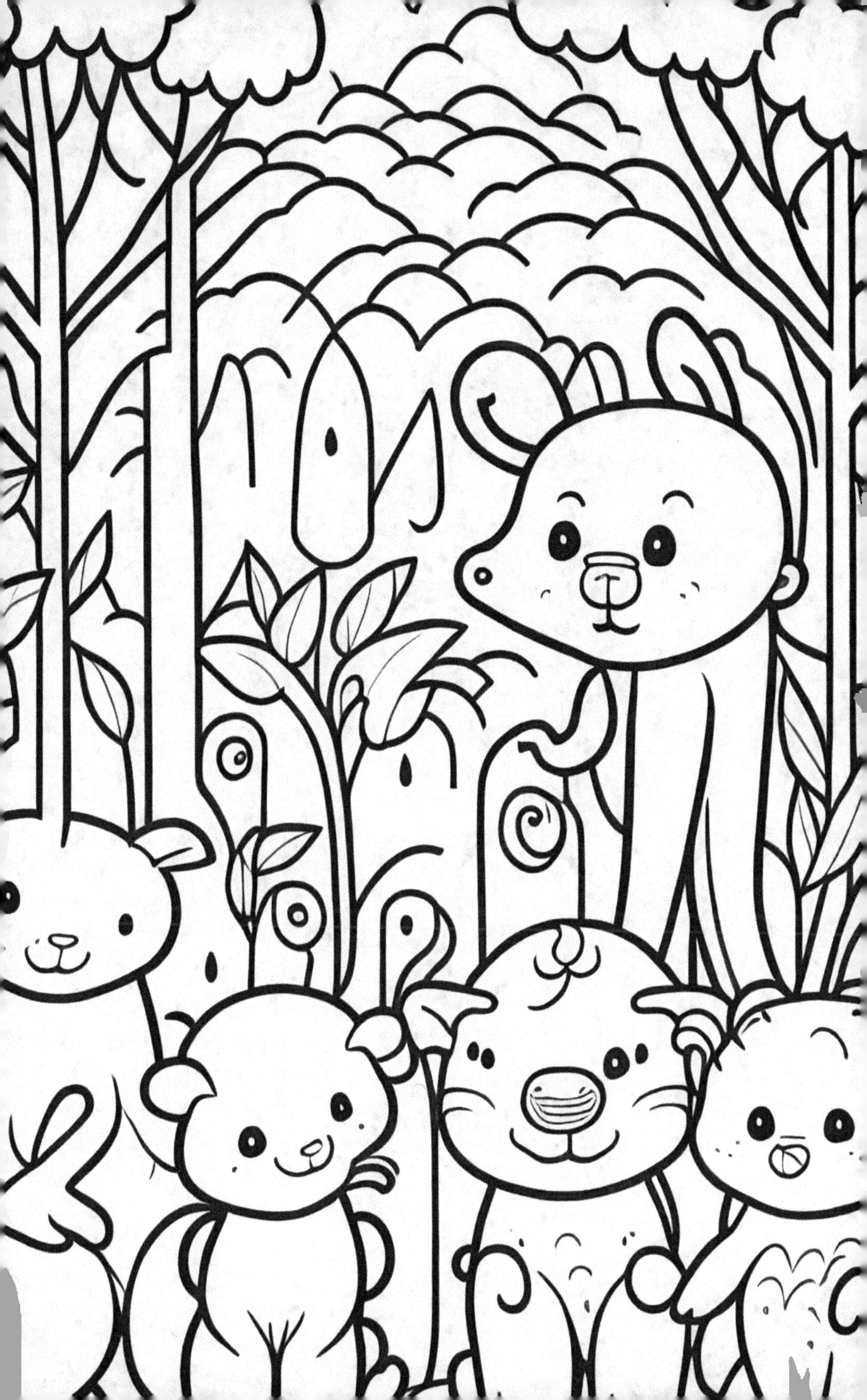

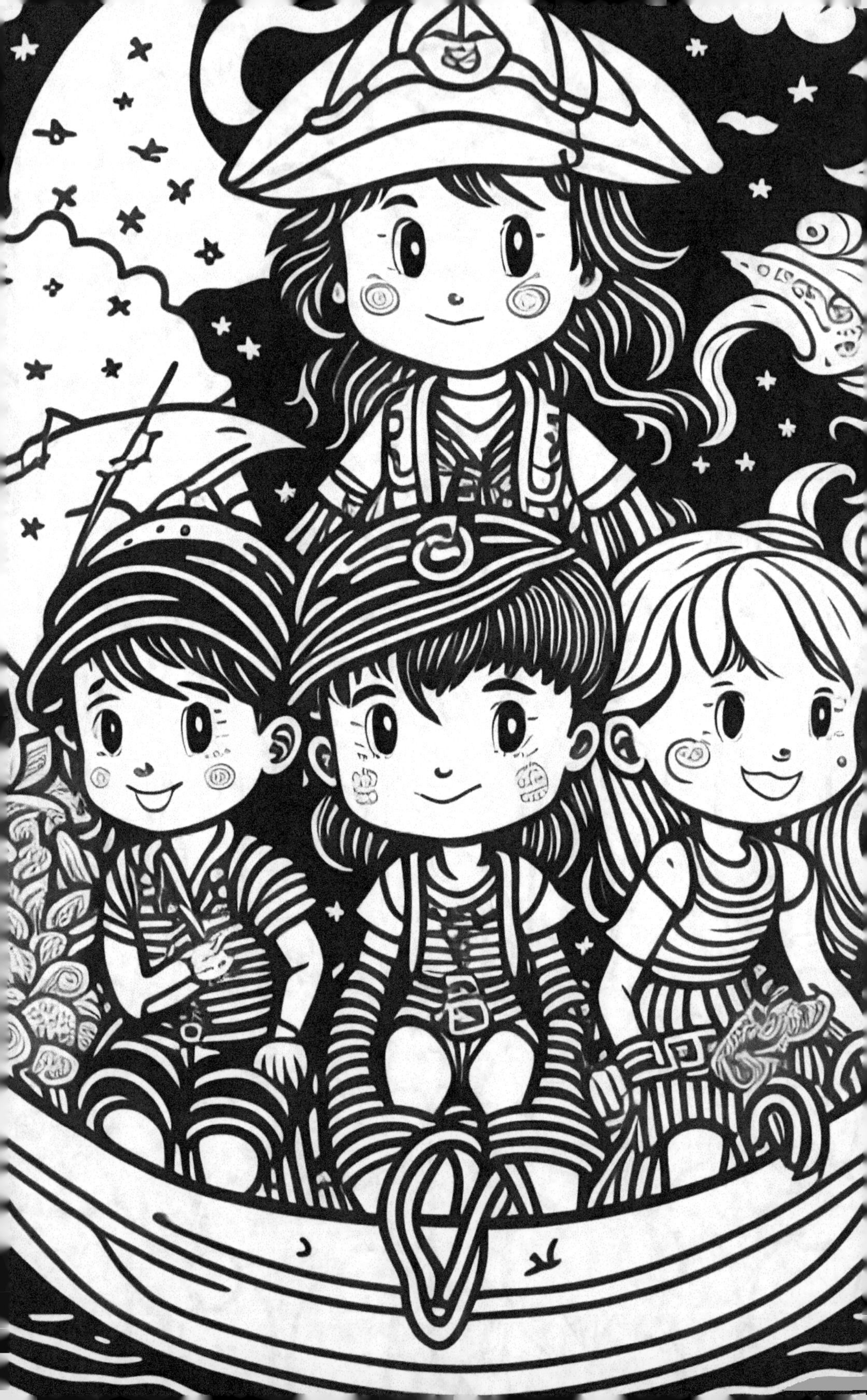

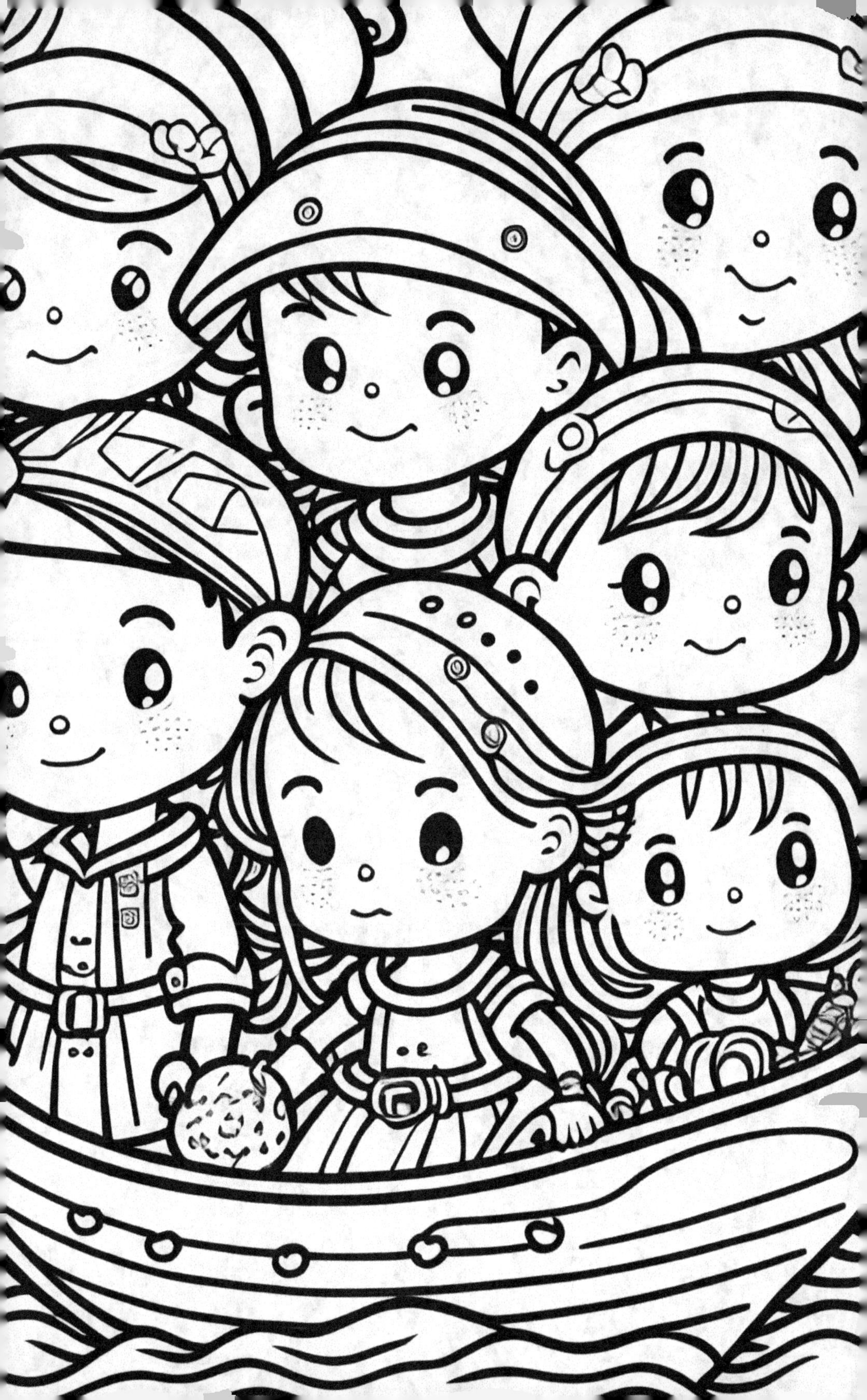

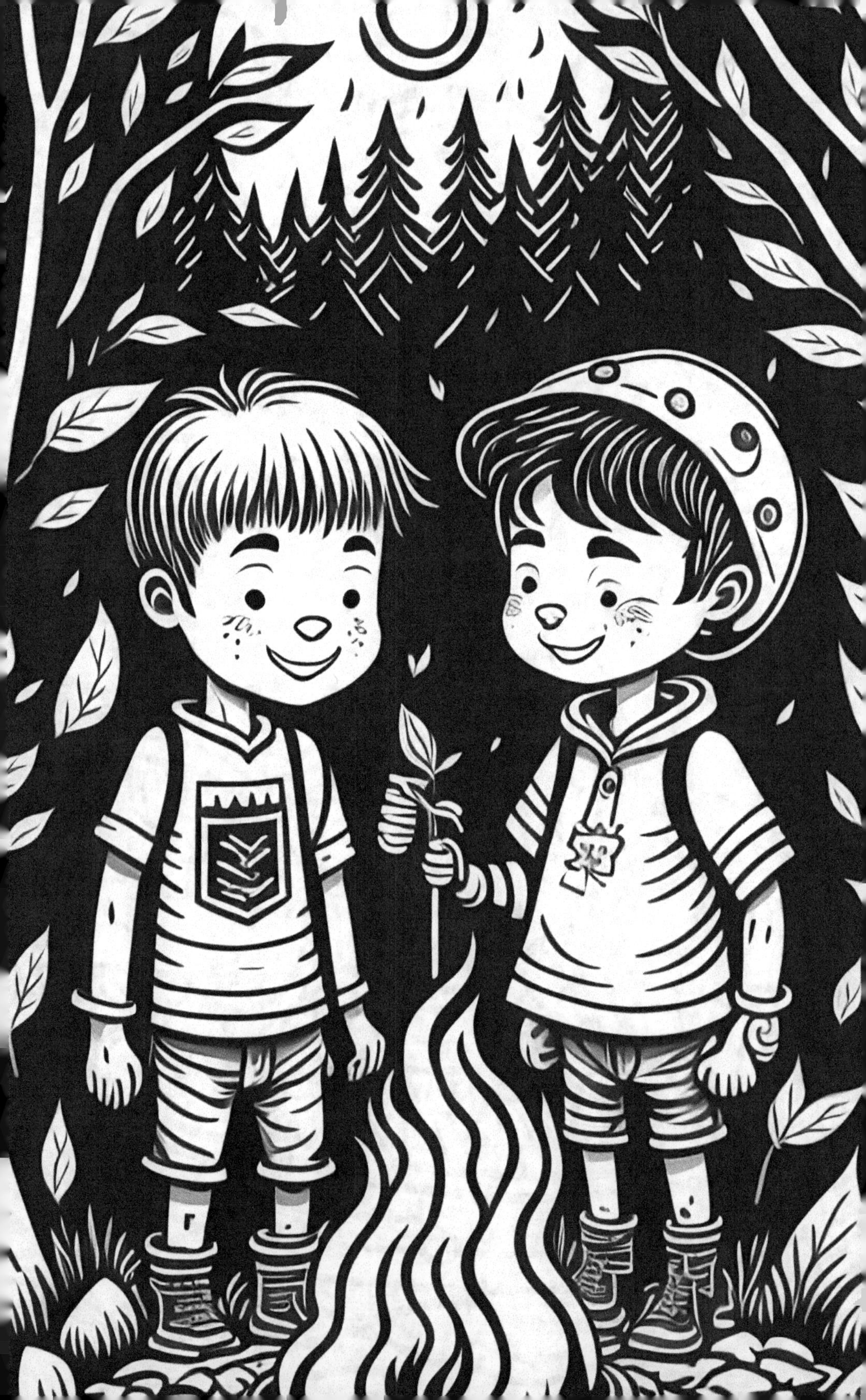

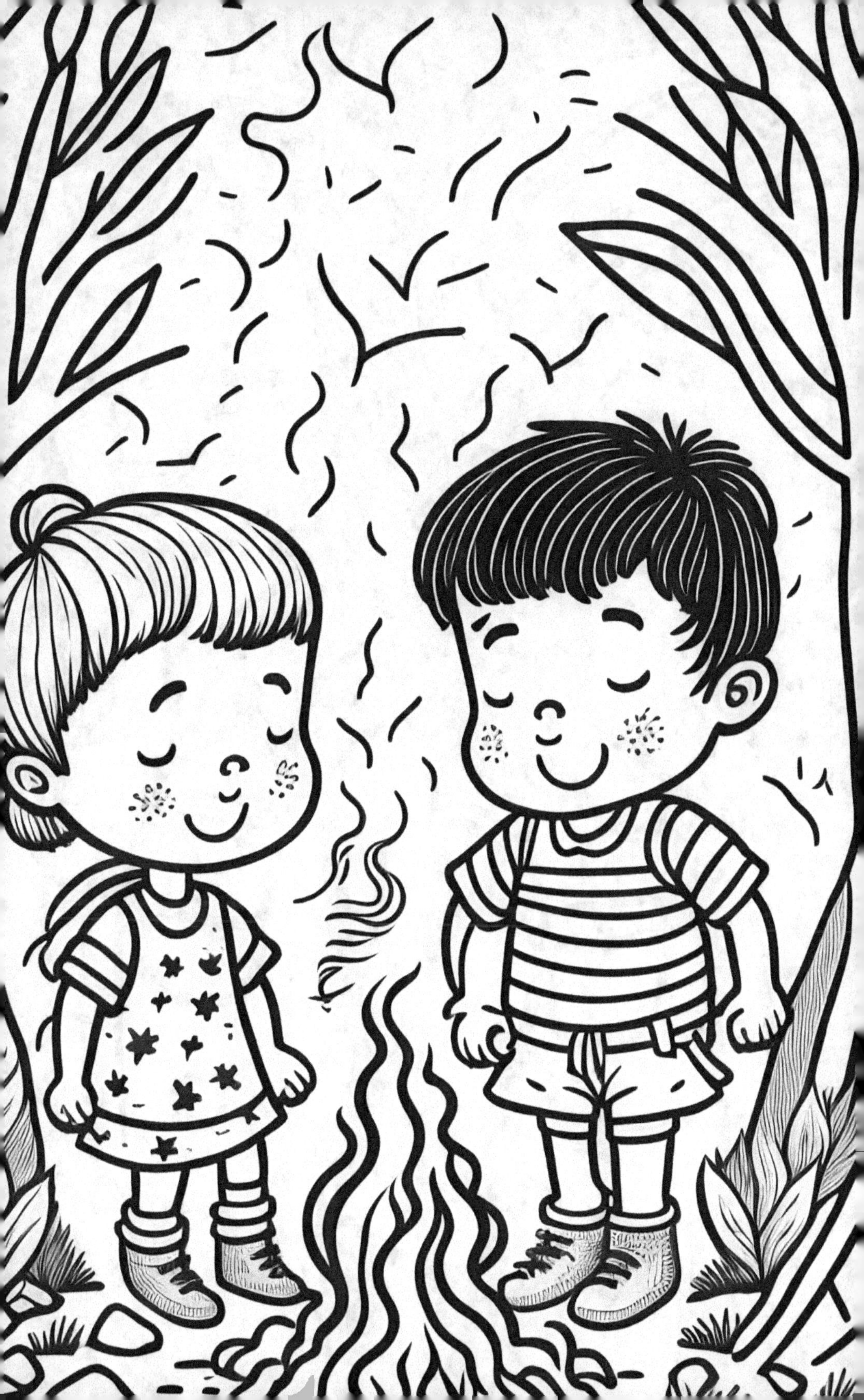

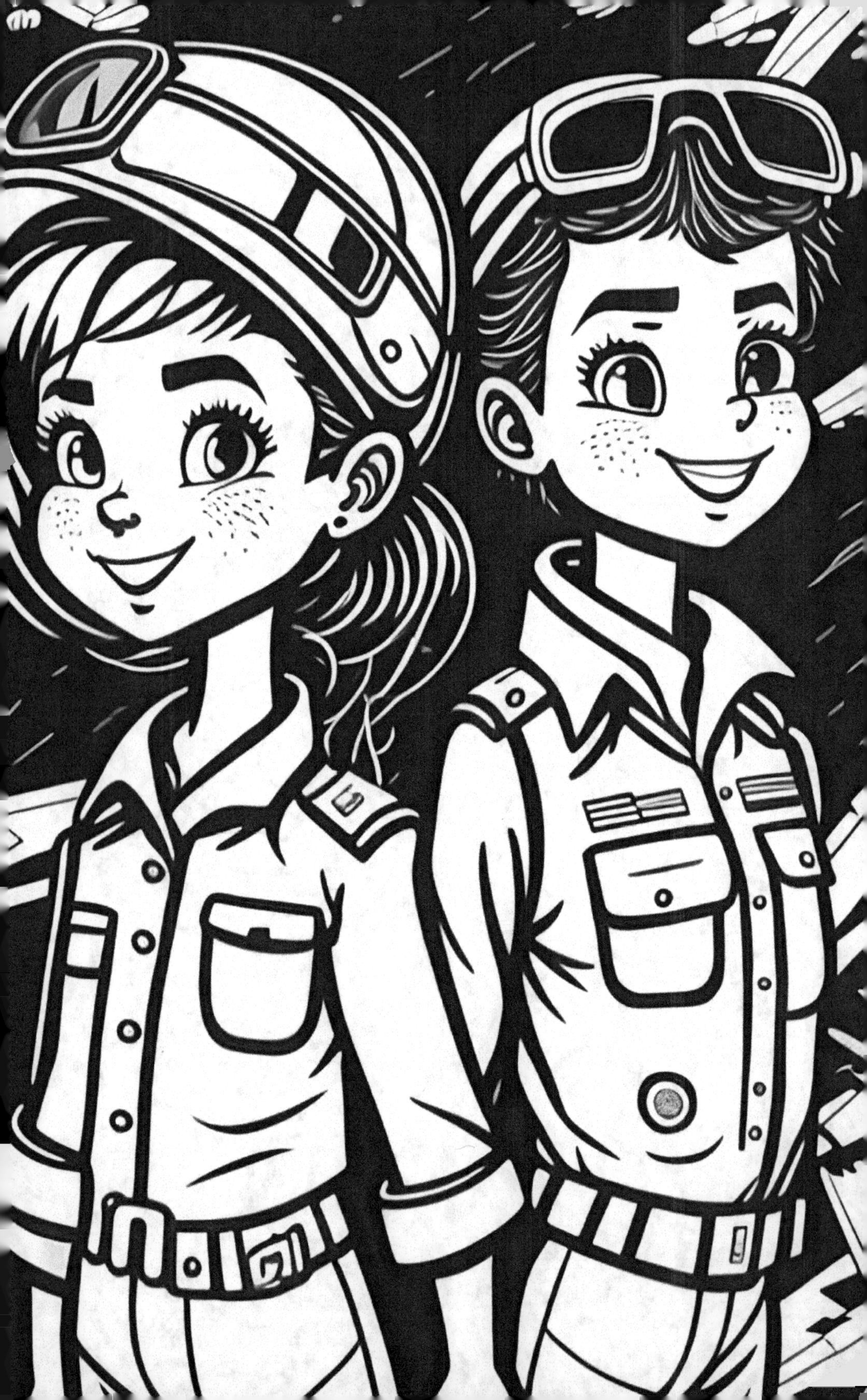

www.ingramcontent.com/pod-product-compliance
Lightning Source LLC
Chambersburg PA
CBHW070520220526
45467CB00002B/772
* 9 7 9 8 3 9 1 7 8 4 0 2 9 *